JN131720

一店舗経営のすすめ

はじめに

「1店舗経営」をおすすめする理由

僕は、37歳で自分のサロンを持つまで、6店舗を展開する美容室グループの役員をしていました。また、25歳から37歳までは、全国の美容室で技術講師や経営支援などにも携わらせていただきました。当時の僕は、今以上にすごく未熟で、自社はもちろんのこと、クライアントのサロンに対しても実績を出せない日々を送っていました。

ですが、未熟ながらもたくさんの美容室の試算表に目を通し、その結果、一つの共通点に気付きました。それは、多店舗展開をしている美容室は、売上はとても高いのですが「利益」がさほど出ていない美容室が多いこと。それに対して1店舗サロンは、売上は多店舗経営のサロンにはかなわないものの、利益は大きく上回っているサロンが実は少なくないことでした。そして、1店舗経営者の中には、実は資産家の方も少なくありません。ビルを持たれている方、海外に別荘を持たれている方、預貯金が5000万円を超えている方、今となっては至極当然なロジックなのですが、当時の僕には理解ができませんでした。

それと、先にお伝えさせていただきたいのですが、僕は多店舗展開を否定するつもりは全くございません。お金もうけではなく、純粋にたくさんの美容師を育てていきたい方、社会に貢献したい方、金持ちではなく「人持ち」になりたい方、正直、僕の尊敬する先輩方や友人の中には、多店舗展開で大成功されている方々もたくさんいらっしゃいます。

ですが、本書ではあえて1店舗経営の可能性について書きたいと思っています。その理由は、以下の要件に集約されます。それは、

①美容室経営において、多店舗経営より1店舗経営の方が、マネジメントがとてもシンプルで簡単だから。

②多店舗経営より1店舗経営の方が、固定費が格段に低く、利益を残しやすいから。

③そして何より、多店舗経営も1店舗経営も、そのかたちは「目的」ではなく、目的を達成するための「手段」であることをお伝えしたいから。

つまり、自分の成功のかたちは、自分自身が決めることであって、他人が決めるものではないということです。僕自身も37歳のときに独立し、人の問題とお金の問題に向き合いながらサロンワークをこなしていく中で、自身のメタアウトカム（自分自身の最終的なゴール）が何なのかをずっと考えていました。正直、自分の中で答えが出たのは独立から8年

がたったころでした。

しかし残念ながら、昔から美容業界では〝多店舗展開こそ唯一の成功の証し〟といった風潮があるように思います。実際に、セミナーでは大抵の場合、多店舗経営のオーナーがマイクを持ちます。ディーラーやメーカー主催の新年会では必ず多店舗経営のオーナーがあいさつに立ちます。ですがそれは仕方のないことです。なぜなら、多店舗経営のサロンはディーラーやメーカーからたくさんの仕入れをしているのですから。もし、僕がディーラーやメーカー側の立場にいたら、同じことをします。

打ち上げや宴会などのお酒の席では、なぜか多店舗経営のオーナーに酔った勢いで訳の分からない説教をされたり、意味の分からないマウントを取られたりしたことは少なくありませんでした。僕自身、元々人見知りで、人に合わせるのが苦手なせいもあり、嫌な経験もかなりしました。

ですが、自社の規模など関係なく、対等に、そして大切に接してくれる多店舗経営者の先輩方にもたくさん出会いました。そんな方々の共通点は、「自身の成功のかたちを他人に押し付けない」ことでした。美容室経営をちゃんと継続できていれば、どんなかたちでも称賛に値する。今でも、その教えを説いてくださった先輩方に僕はすごく救われています。

本書では、一般的な成功サロンの事例ではなく、僕が今まで見てきた中から、継続という意味でうまくいかなかったサロンの内容を中心に書かせていただきました。その理由は、経営者自身の能力の問題ではなく、自分自身が本当に望むかたちに気付かないまま物事を進めていくことの危険性（リスク）や、その結末をお伝えしたかったからです。

自分自身が心の底から「本当に望むかたち」を手に入れるために、強い精神力と忍耐力が必要な多店舗経営ではなく、強い精神力と忍耐力が全くない僕自身でも実現できた、比較的簡単な1店舗経営という「手段」を使って、思いを達成するためのヒントをお伝えしたいと考えています。

そして、1店舗経営者の皆さまには、今から自分の生き方に自信を持って美容師人生を歩んで行っていただきたいと心から願い、僕と同じ思いを抱いたことのある全ての美容師の方々に本書を捧げたいと思います。

河原永吾

一店舗経営のすすめ

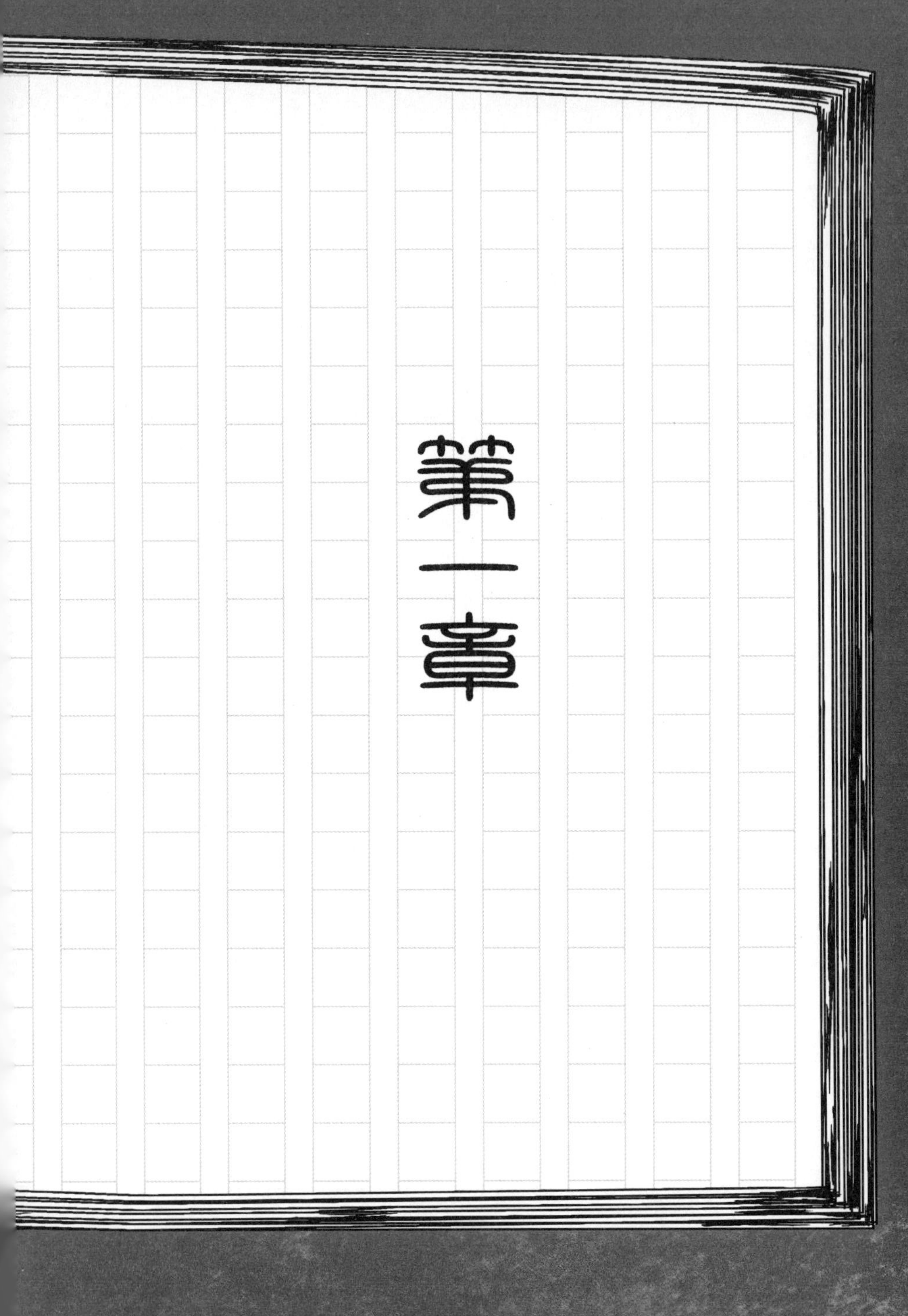

第一章

実は一店舗経営が一番すごい理由

多店舗経営の難しさと、1店舗経営の魅力

僕は独立前、美容室6店舗を管理する立場にありました。社長やスタッフのサポートを受けながら、ただがむしゃらに働いていた記憶しかありません。

月曜日は午前と午後、そして夜の3部立てで外部向けの技術セミナーを実施し、火曜日と水曜日は全国を回って臨店講習。木曜日から日曜日までは、朝8時から自社の朝練を行い、その後にサロン営業。夜はミーティングとスタッフカウンセリングをこなし、家に帰るのはいつも夜中の3時を過ぎていました。

おそらく、現在40代後半以上の美容師なら、当時こんな生活をしていた方は珍しくなかったと思います。

あの頃のことを冷静に考えてみると、サロンワーク以外の仕事が8割を占めていたような気がします。幹部会議に店長会議、店舗ミーティングにプロジェクトミーティング、スタッフ一人ひとりと月1回の面談に、各店長との面談、社内イベント——月1の地域清掃、養護施設などへの慰問、社内のクラブ活動、合宿、入社式に求人活動、朝練と夜練、そしてこれら全ての段取り……。この全部を営業時間外に行う毎日でした。正直、気が狂いそうでした。

それでも、誰が悪いのでもなく、そういう時代だったように思います。

そんな中、一番やるせなかったのは、あんなに働いていたのに全く利益が出ないことでした。今となっては、単純に美容業界の構造の問題だと理解していますが、当時は理由が全く分かりませんでした。

令和になり、社会の状況が大きく変わった今、スタッフを数人雇えば社会保険に入らなければならない時代です。最低賃金も上がり続け、美容室経営、特に多店舗経営は一段と難しくなり、高度な知識とスキルが求められるようになりました。

僕が独立後、１店舗経営にこだわり続けているのも、この「多店舗経営のジレンマ」から抜け出したかったからです。純粋に美容業を楽しみ、自分とスタッフのプライベートを尊重しながら、会社の成長よりも自分たちの人生の在り方に重きを置いた生き方をしたかったのです。

また、１店舗経営ならば、多店舗経営で直面するさまざまなリスクと困難を回避することが可能となります。

とは言うものの、事業の方向転換をすることで、経済的に困窮してしまっては意味がありませんし、周りから負け組扱いされるのもまっぴら御免です。

まずは、自分とスタッフが望む収入と、自分たちが満足のいく自由な時間、そして自分たちが「本当」に望む美容師人生のかたち。

これらを全て手に入れるために、いかに１店舗経営が有効かを詳しくお伝えしていきたいと思います。

1店舗経営をすすめる
理由とは……?

「経営面」と「営業面」から見る1店舗経営のメリット

1店舗経営をすすめる理由は、全部で10個あります。
「経営面」と「営業面」に分けて、簡潔にご紹介します。

経営面

一

【おすすめ理由①／経営面】

多店舗経営に比べて、固定費が格段に低い

2店舗になると、固定費が約2倍になりますが、売上は必ずしも2倍にはなりません。僕の経験上、むしろほとんどの場合、2店舗目の売上が計画以下となるか、1店舗目の売上が落ちたきり元に戻りません。最悪、この両方が起きることも。店舗を借りているサービス業で毎週定休日があるのは理美容室ぐらいのもの。シフトを調整して定休日をなくしたり、営業時間を伸ばしたりすることで、1店舗のまま売上アップを図る方が、利益を出しやすいのです。

【おすすめ理由②／経営面】

マネジメントがシンプルで分かりやすい

仕入れ管理やキャンペーン企画の調整、シフト管理や教育システムの調整など、多店舗経営の場合、毎月、何回もミーティングを行わなければならず、経営者以外にも、管理業務に時間を奪われるスタッフが続出しますが、１店舗経営ならば、管理業務は単純です。また、数字面のマネジメントについても、１店舗経営の決算書で見るべきポイントは至ってシンプル（第二章でポイントを解説します）。生産効率の悪い全ての業務をカットできる――というより、そうした業務がはなから生まれないのが１店舗経営なのです。

二

経営面

三

【おすすめ理由③／経営面】

リスクヘッジが利きやすい

多店舗経営の最大のリスクは店長の退職です。皆さんがそうであったように、成長意欲の高い優秀な人材が独立するのは止めようがないことなのです。新たに店をつくって程なく店長が独立し、顧客も流出。その店舗は赤字が続くか、閉店したとしても残った借金を残った店舗の利益から返済し続けるか……。いずれにせよ厳しい状況が待っています。その点、1店舗経営はプレイングオーナーの売上があるので、少々のことではびくともしません。

四

【おすすめ理由④／経営面】
料金を高く設定できる

良くも悪くも多様な人材が入り乱れる多店舗経営では、一定のクオリティーで商品を提供し続けることが困難なため、どうしても低料金化しやすい傾向にあります。逆に高単価サロンの多くは、1店舗経営など少数精鋭のスタッフにより運営されています。オーナーのこだわりや思いがスタッフに浸透しやすく、教育が行き届くため、高い水準のサービスが維持できるからです。高単価サロンをつくりやすいということは、利益を出しやすいということに他なりません。

経営面

五

【おすすめ理由⑤／経営面】

労働条件を改善しやすい

給与のベースアップや各種保険への加入、労働時間の短縮など、スタッフのために労働条件を改善したくとも、スタッフ数が多い場合、会社側への金銭的負担が大きく、改善策実行のハードルは高いもの。その点、1店舗経営はフレキシブルに環境を変えられます。増える分の支出は、他の部分で経費を抑えるなどの調整がしやすいですし、「おすすめ理由④」の通り、オーナーの思いがスタッフに伝わりやすいため、スタッフ側が受け入れなければいけない負担についても、理解と納得が得やすいのです。

経営面

六

【おすすめ理由⑥／経営面】

人材育成の矛盾が起きない

組織の規模が小さい場合、得られる学びのバリエーションが少なく、人材が育ちにくいと言われることがあります。一方で、スタッフと経営者との距離が近いため、経営者のビジョンやサロンのコンセプトを深く理解し、共感する人材が育ちやすいというメリットがあります。第二章で解説する「2－6－2の法則」の通り（105ページ）、規模にかかわらず、生産性が劣る人材はどうしても生まれてしまいます。けれど、少人数であれば、そうした人材にも経営者が直接、関与できるため、大きな問題に発展することを未然に防げるのです。

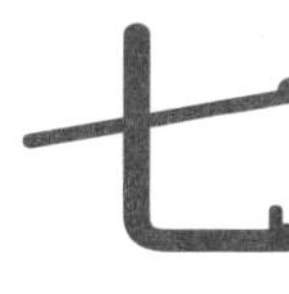

【おすすめ理由⑦／営業面】

自分がいる店舗に集中できる

「自分不在の店舗のことが、いつも心配」。多くのサロン経営者の思いです。僕もかつて多店舗展開するサロンの統括店長だった経験があるので、その不安な気持ちがよく分かります。その点、１店舗サロンの経営者は、常に自分の店舗だけに集中できるので、お客さまやスタッフ全体の隅々に目が行き届き、高い顧客満足とスタッフ満足を引き出すことができます。経営者が生き生きとサロンワークをする姿は、スタッフにとって最大の安心材料です。

八

【おすすめ理由⑧／営業面】

顧客との関わりが深くなる

自身の顧客以外も含めて全てのお客さまと経営者が接する機会があると、経営者の人柄や思いがダイレクトに伝わり、サロンとお客さまとの絆が強く結ばれます。経験がある人も多いと思いますが、美容室の場合、実はお客さまからもたらされるビジネスチャンスが少なくありません。それは、美容師と顧客という関係性を超えた人間関係が生まれるからこそ得られるチャンス。これぞ、接客業の醍醐味です。多様な人生経験やビジネスの機会をつかめるのも、１店舗経営ならではなのです。

九

【おすすめ理由⑨／営業面】

スタッフと柔軟に関われる

「スタッフとのちょうどいい距離感」は、経営者ごとに異なります。スタッフと家族のような関係になりたい人もいれば、仕事という一点でつながったライトな関係が心地よい人もいます。スタッフが大勢いると、全員と家族を目指すのは無理があり、不公平が生じますし、ライトに接すると、スタッフ内で派閥が生まれやすく、経営者とは関係のないところで人間関係の問題が生じる傾向があります。経営者にとって、スタッフとの程よい距離感が築きやすいのも、小さなサロンならではの魅力です。

営業面

【おすすめ理由⑩／営業面】

オーナー自身の成長が促進される

多店舗経営の場合、オーナーは経営に専念することが多いため、おのずとビジネスの知識やスキルが磨かれます。一方、1店舗など小規模サロンの場合、特にスタッフとのコミュニケーション面で経営者に負荷がかかるため、実践的なコミュニケーション術や内省的な目線を持つという点でオーナーの成長が促されます。現場のイライラや不平不満をダイレクトに受け止めるのが少し苦しいと感じることもあるかもしれませんが、コミュニケーション面での成長は、サロンワーカーとしての成長とイコール。大きな学びの機会です。

さまざまな魅力にあふれる1店舗経営。
では、うまくいく経営の秘密とは……？

第二章では、本当にあった美容室の
エピソードを読み解きながら、
〝失敗しないため〟のポイントを見ていきましょう。

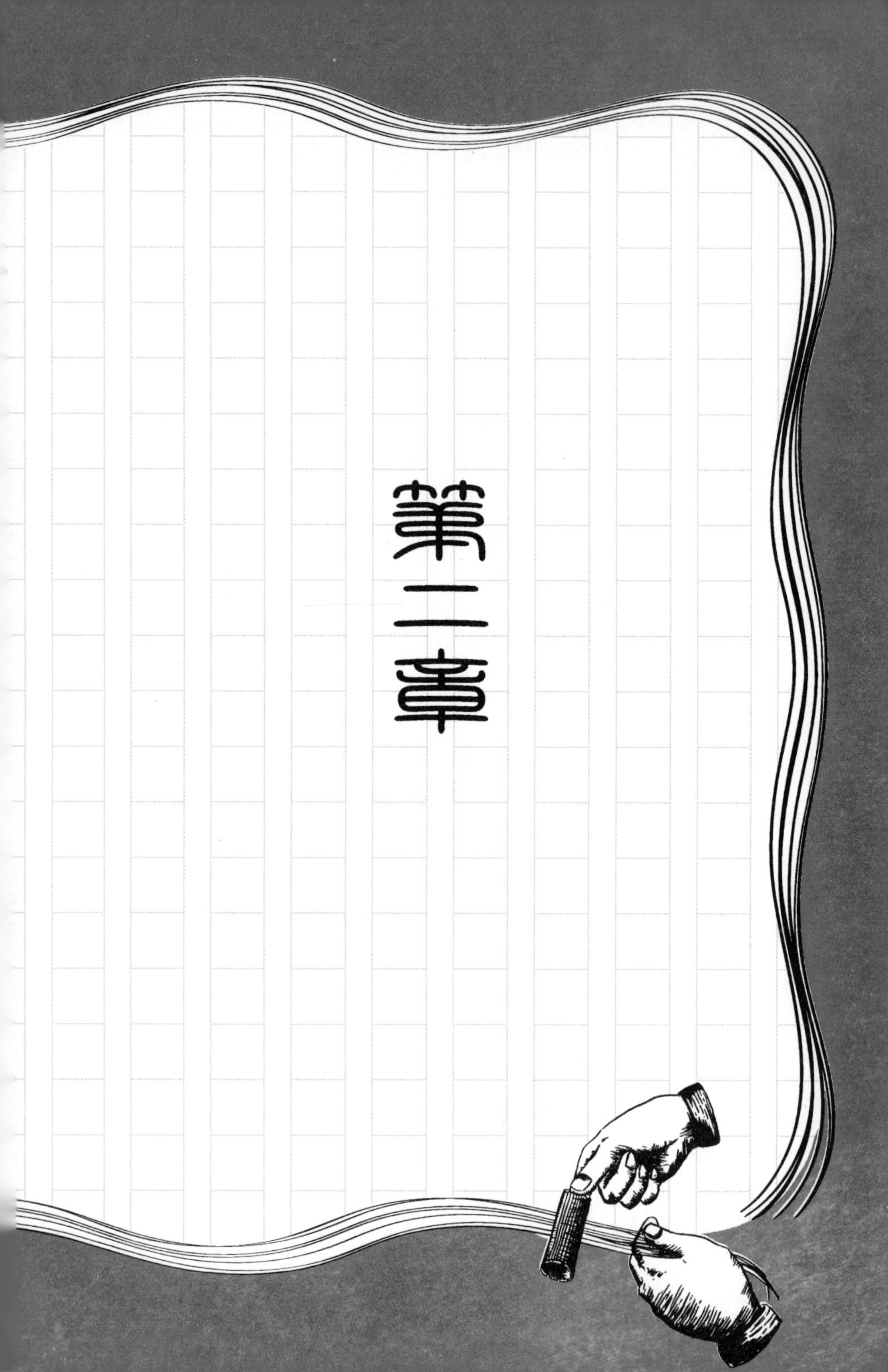

第二章

エピソードから失敗と成功の理由を探る

実力派スタイリスト、地元に帰るの巻

とある30代の男性美容師が、東京の美容室を辞めて、地元でサロンを出すことになりました。

そのサロンは、[※1]店舗面積20坪で、セット面が5つ、シャンプー台が2つで、家賃が15万円でした。[※2]出店総費用は800万円で、両親からは300万円、銀行からは5年返済で500万円を借りました。

スタッフは自分を含め4人で、ナチュラルなスタイルが得意な、かわいいサロンをオープンしました。オーナーは、メインスタイリストでセンスもよく、実力もあったので、瞬く間にサロン経営は軌道に乗りました。

丸3年がたち、スタッフは6人になり、銀行支払いも終わりかけたころ、[※3]美容ディーラーと銀行のすすめで、2店舗目を出すことになりました。オーナー本人も、「[※4]多店舗展開＝ステイタス」の考えが頭の隅にあったので、気持ちはかなり前向きでした。

[※5]2店舗目の物件は、ディーラーが見つけてきました。オーナーは店舗デザインに力を入

れ、内装業者が見積もりをつくり、銀行が決済を下ろしました。

完成したそのお店は、少し郊外に立地し、店舗面積[※6]は40坪で、家賃は6台分の駐車場付きで40万円、セット面は6つ、シャンプー台は3つにしました。出店総費用[※7]は1300万円で、諸経費込み1500万円を銀行から10年返済で借り入れました。

スタッフ[※8]は3人ずつに分かれることになり、新たにスタッフの募集をかけながら、めでたくオープンできました。

しかし、初月から赤字が続き、2号店は1年で閉店に追い込まれました。その借金は1号店が引き継ぎ、2年を待たずしてリスケ（返済条件を変更してもらうこと）になりました。

1号店オープンから4年[※9]がたち、消費税の支払い義務の年がきました。当然払えるわけもなく、ついには倒産（差し押さえによる強制終了）となりました。

失敗のポイントはどこかな？
エピソードを読み解いてみよう。

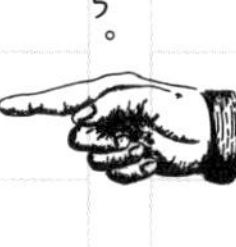

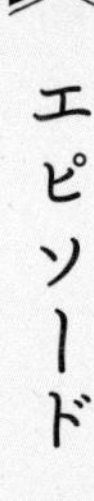

【エピソード】

※1　店舗面積20坪で、セット面が5つ、シャンプー台が2つで、家賃が15万円

※2　出店総費用は800万円で、両親からは300万円、銀行からは5年返済で500万円

※1

【解説】

美容室経営の基本として、売上に対する家賃比率は10％以内（理想は5％以内）に収めます。鏡1枚（セット面1つ）につき、月間売上50万〜70万円が目安になりますので、5つあるということは、250万〜350万円が見込めるということになります。ひと月の家賃が15万円ですから、家賃比率は4〜6％を狙えるということになりますので、バランスの良い店づくりができています。

※2

出店費用のバランスを保つポイントが3つ。

①出店費用は月間平均売上の6倍以内に抑えるのが基本ですので、総費用を800万円で抑えられたのは、かなり良い結果です。

②銀行からの美容室に対する新規融資枠は、保証人な

しで通常500万円ですので、残り300万円を無金利で借りられる両親に頼るのも経営上正解です。
③500万円の返済期間が5年というのもベストです。美容室で使う器具（シャンプー台やセット椅子、パソコンなど）の減価償却は5年で、その他の設備（内装工事）は8〜15年ですので、全ての減価償却が終わるまでに銀行返済を終わらせるのは、健全経営の基本です。

※3 美容ディーラーと銀行のすすめで、2店舗目を出す

※3

美容ディーラーは当然、器具や商材を売りたいですし、銀行も当然、お金を貸したいです。美容室経営者であるあなたとは、明らかに「違う目的」を持っています。店舗展開はあくまで「サロン経営の目的を達成するための手段の一つ」ですので、オーナー自身でその必要性を熟考し、決断する必要があります。

※4「多店舗展開＝ステイタス」

※5　2店舗目の物件は、ディーラーが見つけてきました。オーナーは店舗デザインに力を入れ、内装業者が見積もりをつくり、銀行が決済を下ろしました。

※4

「多店舗展開＝ステイタス」と考える人が美容業界には非常に多いようです。他人の目を気にして、よく思われたいがための「承認欲求」を原動力に店舗展開をすると、つまずいたときに「自分は本当は何がしたかったのか……？」と、分からなくなりますよ。

※5

業者さんは、「美容室経営のプロ」ではありません。あなた自身が自己責任でお金を借りてサロンを運営するわけですから、もし、他人から直接アドバイスをもらうのであれば、同じ経営者で「本当にうまくいっている人」からのアドバイスに一番耳を傾けるべきです。なお、「本当にうまくいっている人」とは、「売上ではなく、利益を出している人」です。聞く人を間違えないように！

※6　店舗面積は40坪で、家賃は6台分の駐車場付きで40万円、セット面は6つ、シャンプー台は3つ

※7　出店総費用は1300万円で、諸経費込み1500万円を銀行から10年返済で借り入れました。

※6

まず、家賃が40万円ですから、家賃比率を10％以内に収めるには月間平均400万円以上の技術売上が必要になります。鏡1枚（セット面1つ）の月間売上を50万円として見た場合、セット面が最低8つは必要となりますので、リスクが大きくＮＧです。

※7

借入の返済期間は5年以内にする必要があります。なぜなら、美容器具を減価償却として計上する期間は5年ですので、6年目からの支払いは、経費になりません。ということは、単純に税引き後の利益からの支払いになります。ただし、営業利益の約3分の1は税金として徴収されるため、営業利益は純利益の1・5倍必要です。つまり、200万円借りたら300万円以上の営業利益が必要です。これを「約1・5倍の法則」と呼んでいます！

※8　スタッフは3人ずつに分かれる

※9　4年がたち、消費税の支払い義務の年

※8

完全に人手不足です。出店総費用上、2号店の技術売上として400万円以上は欲しいので、スタッフ3人で稼ぎ出すには無理があります。仮に売上生産性50万円であれば、3人で150万円しか売り上げられないということになります。まとめると、ちゃんとスタッフが育っていないのに、お店を出すのは、かなりのリスクを伴います！

※9

前事業年度前半期の課税売上高が1000万円を超えなければ、個人事業主で2年、その後、法人成りして2年の計4年は消費税納税が免除になります。言い換えれば5年目からは消費税の納税義務が生じます。また、年商5000万円未満なら、簡易課税「消費税抜きの年商×10%×50%」ですが、それでもかなりの額。年商4000万円なら、「4000万円×10%×50%＝200万円」になります。

美容室経営における
各項目のバランス(比率)の目安

◎ ひと月の技術売上に対する家賃比率(駐車場代を含む)

10%以内(理想7%前後)

◎ 出店時のセット面数の目安(月間売上)

鏡1枚(セット面1つ)につき…売上約50万円で計算
繁盛サロンの目安…鏡1枚(セット面1つ)につき約60万円以上
2号店出店の目安…鏡1枚(セット面1つ)につき約80万円以上

◎ 店舗工事費(設備投資)の回収年数(支払期間)

5年以内

◎ 銀行借入時の金利の目安(支払期間5年の場合)

1.5%以内
(さらに日本公庫や美容組合を利用して金利を下げる方法を相談)

◎ 設備工事費(シャンプー台など)の月間売上に対する比率

10%以内

◎ 個人事業主から法人へ安全に切り替える目安

年間営業利益800万円以上

《まとめ》　今回の失敗の最大要因は？

僕自身が美容室経営者として、またコンサルタントとしてたくさんのサロンオーナーと関わってきた経験から感じるのは、日ごろから実際に成功している（利益を出している）先輩経営者に意見を聞いたり相談を持ちかけたりしていない人は、経営上の失敗を重ねる傾向にあるということです。うまくいっていない美容室経営者のほとんどが、「助言者を間違えている」ことが多いのです。

見た目は派手で多店舗展開もしているけれど、実は「ジリ貧」の人たちや、雑誌に載るなど知名度が高く技術はピカイチなんだけど、実は自分のお店は「閑古鳥」……みたいな人もよくいるわけです、この業界には。先輩が自分の失敗談を包み隠さず話してくれたらいいのですが、そういう人に限って「武勇伝」（？）しか話さない人が多い気がします。

実際に、僕が今まで出会った成功者たちは、みんな「本物の先輩」を持っていました。長い美容師人生で、「誰を師と仰ぐか」はとても重要です。

最後にもう一度言います。

売上が大きいサロンではなく、「利益を出しているサロンが本物である」ということを常に念頭に置き、目指すべき先輩を見つけてください。

傲慢(ごうまん)な夫が妻に嫉妬するの巻

その男性は、郊外で美容室を1店舗経営していました。

スタッフ構成は、自分がオーナースタイリストで妻がトップスタイリスト、その下に女性スタイリストと男性ジュニアスタイリスト、あとアシスタントが2人、合計6人で運営していました。

サロンはそこそこはやっていたのですが、いつも夫婦仲が悪く、お店の雰囲気が微妙なせいもあり、スタッフが続かず離職が絶えない状態でした。

男性の妻への不満は、スタッフの前で自分を立ててくれないことでした。

妻の男性への不満は、自分の方が売上は多いのに、もうかったお金を夫が自分の車や遊びにばかり使い、自分に分配してくれないことでした。

そんなある日、2人は大げんかをします。お互いの不満をぶつけ合い、ののしり合い、大げんかのさなか、男性は妻にこう言い放ちました。「そんなに不満なら、この店を出て自分で店を出せ‼」と。

妻は一大決心をし、今あるサロンとは違う町にお店を出しました。

スタッフは、[※5]女性スタイリストと女性アシスタントを1人ずつ連れ、3人でスタートしました。男性はというと、口うるさい妻と職場が離れ、自分自身も[※6]2店舗のオーナーになれたことで、自己顕示欲も満たされ、とてもいい気分でした。

それからしばらくして、妻のサロンは地域一番の繁盛店になりました。

[※7]男性のサロンは、妻の2号店とは反比例してゾンビサロンと化しました。

失敗のポイントはどこかな?
エピソードを読み解いてみよう。

【エピソード】

※1　自分がオーナースタイリストで妻がトップスタイリスト、

※2　いつも夫婦仲が悪く、お店の雰囲気が微妙なせいもあり、スタッフが続かず離職が絶えない状態

※1

【解説】

男性の美容室経営者が生涯現役でサロン運営をしていく上で、夫婦でサロンに立つことはとても有効です。なぜなら人件費という固定費が要らないからです。30年以上継続している企業は統計上0・02%と言われていますが、個人事業に限っては、そのほとんどが同族経営です。仲良くしましょう。

※2

長期的に繫栄しているサロン（企業）には、「メンバーがお互いに尊重し合い、安心できる関係性を築けている（=心理的安全性がある）」という共通点があります。戦略や戦術よりも、まずは経営者のコミュニケーション能力の向上に努めましょう。

※3 スタッフの前で自分を立ててくれない

※4 自分の方が売上は多いのに、もうかったお金を夫が自分の車や遊びにばかり使い、自分に分配してくれない

※3

他人の前で恥をかくのは誰もが嫌がることです。今、目の前で相手を注意しているあなた自身のその目的は、相手を思いやっての行動なのか、それとも自分の鬱憤(うっぷん)晴らしなのか、しっかりと自分自身をキャリブレーションしてみましょう。褒めるときはみんなの前で、叱るときは一対一で、が基本です。

※4

他者からは、その人が自己中なのか、他者支援優先なのかは一目瞭然です。まずは相手の立場に立ったとき、どんな感情が湧き出るかをしっかりシミュレーションしてみてください。人望とは、技術スキルや肩書きで得るものではなく、相手のニーズ(思い)を捉え、かたちにできる(かなえる)人が結果的に得るものだということを理解してもらえたらと思います。まとめると、自分より先に相手を良くしてあげましょう。

※5　女性スタイリストと女性アシスタントを1人ずつ連れ、3人

※6　2店舗のオーナーになれたことで、自己顕示欲も満たされ、

※5

生産性100万円を超えるサロンで最も多いスタッフ構成が3人です。理由は簡単で、チームとして最も小さな単位であり、マネジメントしやすいからです。マネジメント初心者のオーナーは、3人スタートがおすすめです。

※6

1店舗が2店舗になるということは、売上が2倍になる保証はありませんが、固定費は確実に2倍になります。そして、固定費だけではなく、財務管理や労務管理、スタッフ教育からモチベーション管理まで、全て経費は2倍。さらに自分のいないサロンを遠隔管理することになりますから、それ以上の時間とエネルギーを使います。そのために右腕を育てる必要があるわけですが、その当の「右腕の奥さま」と意思疎通が図れていないのですから、うまくいくわけがありません。

※7

要は、妻をはじめスタッフを「頼りにしてしたのではなく、当てにしていた」から起きた結末だったといえます。

心理的安全性とは？

2012年にGoogleが発表した企業向けリサーチ「プロジェクトアリストテレス」にて、「チーム生産性向上の5つの柱」として打ち出された条件のうち、軸となるのが「心理的安全性」です。

心理的安全性とは、対人関係において、自分自身の信頼度が低下するような行動を取ったときでも、「安心できる・信頼できる」と思えるメンタル状況を意味します。つまり、相手に「無知」「無能」「邪魔」といったネガティブな印象を与える行動をしてしまったとしても、「このチームなら大丈夫」と思えるということです。「誰も自分を馬鹿にしない」と信じ合えるチームは、生産性も高いということですね。

プロジェクトアリストテレス

2012年にGoogleが実施した、生産性が高いチームの共通点を見つけるプロジェクト。このリサーチから、Googleが結論付けた「チーム生産性向上の柱」が以下の5つ。このうち、軸となるのが「心理的安全性」。

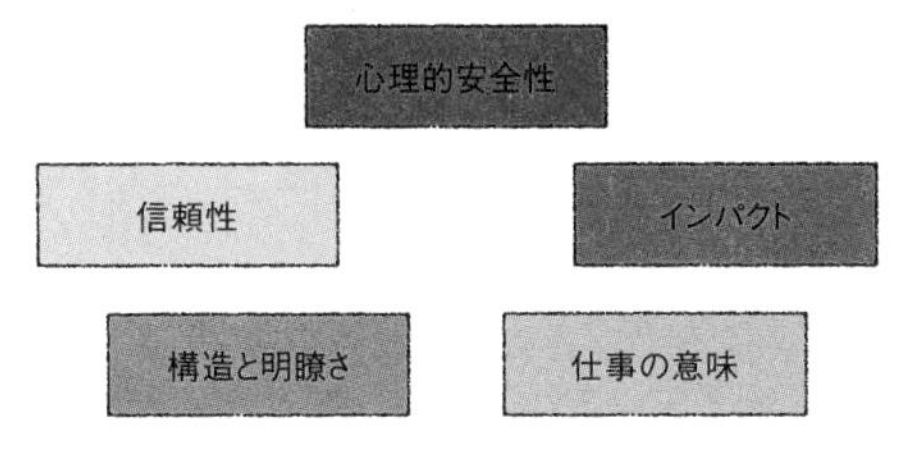

※7　男性のサロンは、妻の2号店とは反比例してゾンビサロンと化しました。

《まとめ》　サロンを危険にさらしているのは誰か

今回の原因は、純粋にオーナーの身近な人たちに対する傲慢さが招いた結果だといえます。

お客さま以上に、まずは奥さまとスタッフを大切にすること、そして、サロンを発展させていく上で、技術力やブランディングよりも、いかに「調和」が大切かを理解してもらえたらと思います。

そのためには、オーナーはスタッフに対して「折れる・曲げる・負ける」ことの重要性を理解し、実践することが重要です。

生産性が高く、そして継続性のあるサロンの特徴の一つに、「心理的安全性」が必ず存在します。分かりやすくいうと、お互いの関係性に信頼と安心感があり、「気遣い」ではなく「気配り」が存在している関係です。

オーナー自身が、「顧客第一主義」ではなく、考えと行動を「社員第一主義」に変えてみてください。意外とうまくいくと思いますよ。

割引と歩合の罠（わな）にはまるの巻

そのプレイングオーナーは、戦略に自信がありました。規模を拡大して、有名になるのが夢でした。特に集客サイトを使った集客[※1]は大の得意でした。彼は技術力があり写真撮影もうまく、サロンはいつも大繁盛。利益もかなり上がっていました。

しばらくして、2号店を出しました。2号店は1号店より平均客単価を1000円ほど下げた、少しリーズナブルなサロン[※2]にしました。2号店は集客サイトとSNSの効果で、オープン前から予約がいっぱいになりました。

さらに次の年、彼は3号店を出しました。3号店を出すにあたっては、新たな秘策がありました。年間を通して使える50%オフのカラーチケット[※3]です。この秘密兵器は集客面で見事に当たり、初月に200人の予約を獲得。その年はスタッフ20人で年商1億円[※4]を達成しました。

年商1億円を達成した彼とサロンは、メーカーやディーラー、さらには美容師仲間から、絶大な称賛を浴びました。彼は最高の気分でした。そしてもっとサロンを大きくして年商を上げたいと思いました。

翌年、彼は新卒生を10人採用しました[※5]。しかし、売上の伸びは緩やかだったので、当然赤字が増えました。彼は、次の戦略として、店販に力を入れました[※6]。彼はメーカーやディーラーに交渉して、商材を大量に発注することを条件に、通常よりも少し安く仕入れることに成功しました。そして社員には店販手当として、販売価格の10％を給与に還元しました。

集客サイトのクーポン割引と、カラーチケットの割引、そして店販のキックバックが功を奏し[※7]、この年、社員数30人で年商1億5000万円を達成しました。彼は、周りからさらにもてはやされました。

しかし、気付けば、売上は立っているものの、利益は全く出ていませんでした。

そして10年がたちました。彼のサロンは、もう、1軒もありません。

失敗のポイントはどこかな？
エピソードを読み解いてみよう。

《エピソード》

※１　集客サイトを使った集客

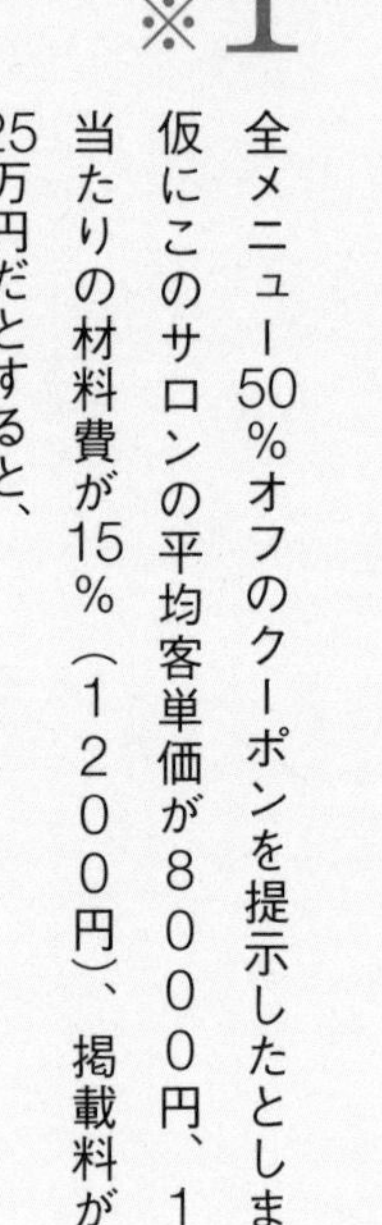

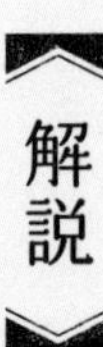

《解説》

※1

全メニュー50%オフのクーポンを提示したとします。

仮にこのサロンの平均客単価が８０００円、１人当たりの材料費が15%（１２００円）、掲載料が月25万円だとすると、

◎粗利益は、
8,000円（平均客単価）－4,000円（割引50%）－1,200円（材料費15%）＝2,800円（粗利益）

◎損益分岐は、
25万円（掲載料）÷2,800円（粗利益）≒89人

……つまり89人のお客さまをこなして初めてトントン。90人目から利益が出るということになります。さらに売上に対する広告宣伝費の割合は5%以内が適正ですので、このサロンの場合、月に５００万円以上の売上が必要になります。ちなみに集客サイトやＳＮＳ

での来客者の年間リピート率は、全国平均で約30％といわれています。この広告宣伝、本当に必要ですか？

※2

仮に平均客単価が８０００円、月の売上が５００万円あるサロンが価格を１０００円下げて客数が変わらなかった場合、ひと月に約62万５０００円の売上損失が起こります。これが年間だと７５０万円の損失です！　しかも固定費（家賃や給与）は一定ですから、営業利益はさらに減ります。低単価に安易に踏み込んではいけない！

※２　平均客単価を１０００円ほど下げた、

※3　50%オフのカラーチケット

※4　スタッフ20人で年商1億円

※3

（※1）と（※2）とは、また別の角度から説明します。ここでのもう1つのポイントは、1分当たりの技術単価が100円を切っていないかどうかです。仮にお客さまをカット&カラー120分で帰したならば、1万2000円（+材料費と消費税）以上の料金をいただいているかということです。現在の日本の労働環境において、1分当たりの労働単価が100円を切ってしまうと、経営は成り立ちません。

さらにチケット販売は、経理上「前受金」になります。つまりお客さまがチケットを使い切るまで売上に計上できません。チケットは万能じゃない！

※4

スタッフ1人当たりの1カ月の生産性は、約42万円ということ。社会保険に加入している場合の生産性は最低55万円以上必要（全ての経費が適正の場合）ですので、要するに実は大赤字！

※5 新卒生を10人採用

※5

1時間当たりの最低賃金を950円（全国平均）と仮定した場合、最低でも、
950円×8時間（1日）×22日（週休2日の場合）
＝16万7200円×10人＋社会保険料
の人件費が必要になります。つまり新卒スタッフ10人が入社した初月から、毎月約210万円が通帳からなくなります。仮に、前年度と売上が変わらない状態が1年続いたら、年間で約2520万が通帳からなくなることになります。採用できればいいってもんじゃない！

※6 店販に力を入れました。彼はメーカーやディーラーに交渉して、商材を大量に発注することを条件に、通常よりも少し安く仕入れることに成功しました。そして社員には店販手当として、販売価格の10％を給与に還元しました。

※7 集客サイトのクーポンの割引と、カラーチケットの割引、そして店販のキックバック

※6

仮に販売価格1000円のシャンプーを7掛けで5本仕入れて、4本を売り、1本をお店で使ったとします。1本当たりの粗利は300円ですが、売ったスタッフに10％還元するため、1本当たりの粗利は200円になります。そして4本売って800円の粗利となりますが、5本のうち1本はサロンで使ったので、7掛けの700円を引くと合計100円の粗利益になります。

もう一度言います。5本仕入れて4000円の売上は立ちましたが、1本を売らなかったために利益は100円しか出ていません。店販は「売り切ること」が重要です。今一度、ご自分のサロンの在庫の多さを見つめ直して！

※7

集客サイトのクーポンの割引と、カラーチケットの割引、店販歩合。

……（※1）～（※6）をまとめると、到底利益は出ず、瞬く間に資金繰りが悪化。ジ・エンドです。

美容室の損益計算書、ここが見どころ

【損益計算書】

株式会社○○美容室

	科目	金額	計	Point!
売上高	技術売上高	xxx円		多くの美容室はこれしか見ていない!
	商品売上高	xxx円	xxx円	
売上原価	期首棚卸高	xxx円		
	当期仕入高	xxx円		美容室は材料仕入と店販仕入を分けておくこと。
	店舗販売仕入高	xxx円		材料仕入は売上に対して10%以内に抑える
	期末棚卸高	xxx円	xxx円	仕入高=売上原価ではない
	売上総利益		xxx円	これが「粗利」の金額
販売管理費	役員報酬	xxx円		サロンの技術売上の15%以内が目安
	給与手当	xxx円		サロンの技術売上の40%以内が目安
	⋮			
	減価償却費	xxx円		減価償却費は資金流出を伴わない
	地代家賃	xxx円		家賃は技術売上の10%以内が目安
	リース料	xxx円		
	保険料	xxx円		
	修繕費	xxx円		改装は減価償却費に、修繕は一括償却にできる
	水道光熱費	xxx円		
	消耗品費	xxx円		
	租税公課	xxx円		
	広告宣伝費	xxx円		広告宣伝費は技術売上の5%以内が目安
	支払手数料	xxx円		
	支払報酬	xxx円		
	雑費	xxx円	xxx円	
	営業利益		xxx円	営業活動の指標。美容室はここが重要!
営業外収益※1	受取利息	xxx円		
	雑収入	xxx円	xxx円	
営業外費用※2	支払利息	xxx円		
	雑損失	xxx円	xxx円	
	経常利益		xxx円	資金繰りを含めた経営活動の指標
税	法人税等		xxx円	
	当期純利益		xxx円	ここにお金を残せたらgood!

※1 助成金や補助金など　※2 美容室経営に直接関係しない費用

《まとめ》 美容業界に蔓延(まんえい)する「売上至上主義」

僕は経営コンサルタントを始めて20年になりますが、最近、多店舗展開をしていて「利益」を出し続けているサロンをほとんど見なくなりました。

しかし、1店舗経営で利益をしっかり出しているサロンは意外とたくさんあります。年商は低くても、1000万円以上の経常利益を出しているサロンはザラです。理由は簡単。1店舗の方が、固定費（家賃と人件費）を低く抑えられるからです。また、顧客に対してのサービスが行き届くので、料金を高く設定しやすいのです。

一般的に、客単価が倍になれば営業利益は約5倍になります。利益（通帳に残るお金）が出るからこそ、従業員満足と顧客満足、さらには、経営者の「何のために店を開いたのか？」を達成できるのではないでしょうか？

ビジネスは、売上ではなく「利益」が重要なのです。

継いだ家業の仕組みを変えるの巻

その男性は、とある有名サロンで修業をし、数年後、晴れて立派なスタイリストになりました。そして、地元に帰り、長年母親が営んできたサロンを継ぎました。

男性は自信[※1]と向上心[※2]に満ちあふれていました。母親の小さなサロンを発展させ、店舗展開[※3]をして、スタッフ100人規模の組織にするのが夢でした。

まず手始めに、母親のサロンのメニューや料金などあらゆる仕組みを変えていきました[※4]。母親の代から働いている先輩スタイリストたちの反発を買いましたが、気合と根性で論破して、押し通しました[※5]。当然のごとくサロン内に派閥ができ、結果、先輩スタイリストの多くは辞めていきました。

しかしその男性は諦めませんでした。100人規模にする自分の夢を熱く語り[※6]、高い向上心と夢を持つ美容学校生を次々と採用しました[※7]。

時がたち、男性は2号店をオープンしました。そのサロンは、以前からかわいがってい[※8]

て、ずっと店長になりたがっていた若手スタイリストに任せることにしました。

その後、毎年出店し、次々と店舗が増えていきました。

ここまでの道のりは比較的スムーズではあったものの、新卒定着の悪さと売上の伸び悩み、そして自分の知識不足に若干の不安もあり、[※9]自己啓発系の外部講師と契約し、スタッフ教育を任せました。社員は、[※10]外部講師の教えの下、夢と向上心を育む教育を受け、それにのっとった将来計画の立て方や仕事の仕組みを学んでいきました。

しばらくして、店長をはじめ、夢と向上心を持ったスタイリストたちは、独立のため次々と退職していきました。

当然、会社の業績は悪化していきました。残ったのは、力のないジュニアスタイリストと、アシスタント、そして借金だけでした。

失敗のポイントはどこかな？
エピソードを読み解いてみよう。

《エピソード》

※1 自信

※2 向上心

※3 店舗展開をして、スタッフ100人規模

《解説》

※1

自信は「うぬぼれ」と表裏一体です。人は自信がある事柄には注意を怠る傾向があります。逆に自信がない事柄ほど、慎重かつ謙虚に行動できます。

※2

向上心とは、自分を中心に、自分自身を高める気持ちのこと。すなわち「自己中心的思考」であるとも言えます。

※3

気を付けなければいけないのは、この「夢」はあくまで手段であって、本来、目的ではないということです。「目的……何のため」にそれを目指すのかが、はっきりしていない。もしこの「夢」が経営者の自己満足、つまりただの「他者からの承認欲求」から来るならば、スタッフは誰も付いていきません。

※4　サロンのメニューや料金などあらゆる仕組みを変えていきました。

※5　先輩スタイリストたちの反発を買いましたが、気合と根性で論破して、押し通しました。

※4

行動心理学では、人の潜在意識は変化を嫌い、安定を好むとされます。何かを変えるときは、そのことに関係している人たちに徹底的に寄り添い、理解を得ながら進めていくことが重要です。他者を理屈で論破し、力ずくで物事を進めてもうまくいきません。

※5

ありがちな光景です。経営者が職場に自己中心的な感情を持ち込むとスタッフの離職を促すだけです。スタイリストが1人いなくなるだけで、いったいどのくらいの損失が出るのか、しっかりと考えたいものです。少なくとも、これまでサロンと自分の母親である先生を支えてきた大切な仲間です。まずは「調和」の重要性を理解しましょう。

※6　100人規模にする自分の夢を熱く語り、

※7　高い向上心と夢を持つ美容学校生を次々と採用しました。

※8　かわいがっていて、ずっと店長になりたがっていた若手スタイリストに任せることにしました。

※6

繰り返しますが、これはただの「自己中心的思考」です。行動心理学の考え方に「人は自分の利益にならないことは絶対にしない」というものがあります。要するに、自分（自分の周りの人）が幸せになる具体例がプランに織り込まれていないと、メンバーの応援は得られないということです。

※7

裏を返せば、強烈な自己中心的思考を持っている美容学校生であるともいえます。アシスタントのうちは頑張り屋なのですが、スタイリストになり、売上を上げられるようになれば、独立を考えるのは当然です。

※8

ここで注意したいのは、「なぜ店長になりたいのか？」をよく確認することです。肩書きや地位への欲求は、強烈な向上心や強烈な「他者からの承認欲求」が原動力であることがほとんどだからです。つまり、動機が「後輩や組織のためでなく、経営者や周りから認めら

※9　自己啓発系の外部講師と契約し、スタッフ教育を任せました。

れたいだけ」なのかもしれません。

※9

日本での自己啓発教育やセミナーは、労働基準法を満たしていないブラックな業界を中心に浸透しているのが現実です。スタッフに対してメンタル強化をうたいながら、実際には劣悪な労働環境や条件から目をそらさせるのが経営者の目的であることが少なくありません。スタッフの自己啓発より先に、まず経営者自身がスタッフとの信頼関係を構築し、マーケティングをきちんと学び、サロンの発展を目指してもらいたいものです。

※10　外部講師の教えの下、

※10

僕のこれまでのコンサルタントの経験から感じるのは、「外部講師と経営者の考えが、実は一致していないことが非常に多い」ということです。スタッフが経営者とは違う考え方、もしくは経営者とは違うレベルの思考を学び、それを絶対的な価値観として吸収してしまえば、うまくいくわけがありません。

もし、外部講師による、経営者の考えとは異なる教えの下、結果が出続けたなら、一生雇い続ける……いわば依存状態（乗っ取り）を受け入れる覚悟が必要です。経営者よりも、直接スタッフと関わりたがる外部講師がいたら、かなり注意が必要です！

マズローの欲求5段階説
美容師バージョン

「マズローの欲求5段階説」とは、人間の欲求は5段階のピラミッドのように構成されていて、低階層の欲求が満たされるとより高次の階層の欲求を持つとする、心理学者アブラハム・マズローが唱えた学説です。これを美容師の職業的な欲求に置き換えると、どうしてもこのような「欲求5段階」に……。

働くサロンの条件や環境が「独立より魅力あるもの」でない限り、人間的、職業的成長を促す全ての仕組みは、人材定着という観点でむしろ逆効果になります。

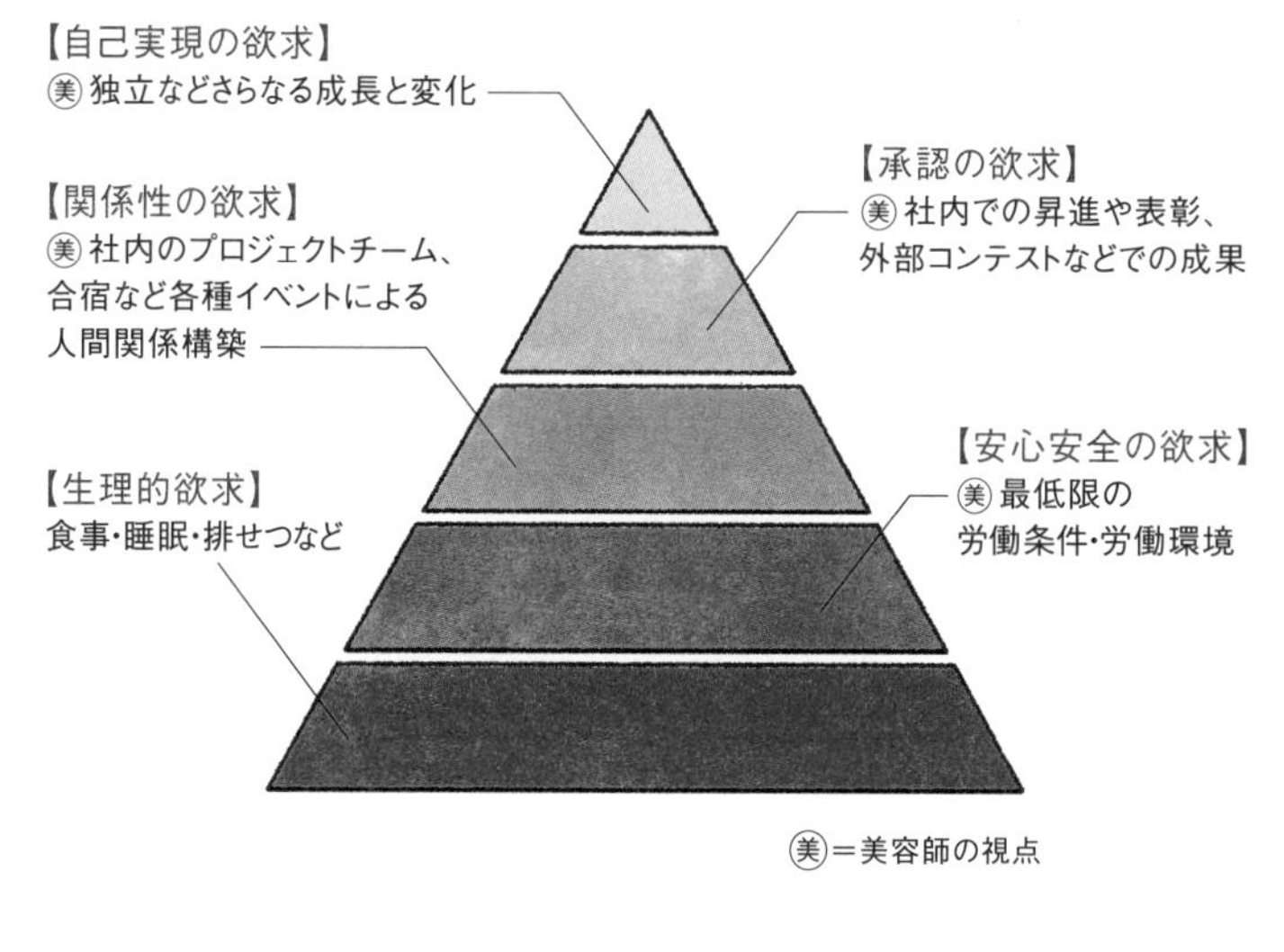

《まとめ》「大切にされている感」が最重要

この男性の一番の失敗は、「目的」と「結果」をはき違えていたことです。そもそも何のためにスタッフを100人にしたいのかが明確ではなかったのです。つまり、サロンのビジョンがスタッフにとって魅力的でなかった。

とある大手ファストフードチェーンが10年の歳月をかけ、アルバイトから社員まで、辞めていった人たちの「辞めた本当の理由」を調べるという調査をしました。ですが、このプロジェクトは10年で打ち切りになりました。なぜ打ち切りになったのか？　それは、辞めた理由の1位が10年間変わらなかったから。その答えは――「大切にされなかったから」でした。人に長く働いてもらうには、「必要とされている感」よりも「大切にされている感」が重要だということです。また、経営心理学では、1人の人が気を配れる人数の限界は通常最大5人といわれています。100人規模にするには、最低20人の管理者を育てる必要がありますから、決して一朝一夕にはできないことを認識する必要があります。

経営者が常にスタッフに伝えるべき言葉が2つあります。それは、①叱るとき……スタッフのアイデンティティーを傷つけずに行動と考え方をただす言葉、「らしくないよ！」と、②日々の感謝……存在を認める言葉、「いつも一緒に働いてくれてありがとう」ではないでしょうか。

心理学の考え方に、人は「最後に取ったコミュニケーションを最新の情報として捉える」というものがあります。大切な相手の存在を認める感謝の言葉は、仕事終わりに伝えてくださいね！

減価償却の落とし穴の巻

その男性は、銀行から1500万円を返済期間7年で借りて、郊外に美容室を開業しました。

初月から順調に売上を伸ばして初年度の年商は3000万円を超え、通帳には600万円が貯まっていましたが、消費税の免除[※1]と減価償却[※2]があるおかげで、その年の税金はあまり支払わずに済みました。男性は早速800万円の高級車を買って、美容室経営者たちとゴルフを始めました。[※3]

丸2年がたち、税理士のすすめで自分のサロンを株式会社にしました。そのおかげで、また2年間の消費税が免除され、さらに減価償却が増えたため、また納税額が減り現金がたくさん残りました。[※4]

しかしその男性は、減価償却の意味はおろか、この税金のロジックを全く理解していませんでした。[※5] 小金持ちになり、気持ちが大きくなった彼は、お金の力で取引先の女性と不倫を始めました。[※6]

消費税の免税期間が終わり、開業から5年がたったころ、男性は異変に気付きます。売上は上がり続けているのに、[※7]通帳の残高が著しく減り始めたのです。彼は慌てて、銀行に相談に行きました。すると銀行は、運転資金として500万円をポンと貸してくれました。

しかし、男性はこの時点で、[※8]なぜ簡単にお金を貸してもらえたのか全く気に留めていませんでした。男性は、[※9]高級時計を買いました。

それから毎年、[※10]売上は伸びているのに、預金残高はどんどん減り続けました。男性はその都度、銀行から融資を受けました。

数年後、男性は、文字通り火の車になり、スーパーアホアホマンゴッドファイヤーになりました。

失敗のポイントはどこかな？
エピソードを読み解いてみよう。

エピソード

※1　消費税の免除

※2　減価償却

※3　早速800万円の高級車を買って、美容室経営者たちとゴルフを始めました。

解説

※1

一定の条件を満たせば、初年度から2年間は消費税が免除されます。その後、法人成りした場合、同じ条件で2年間の消費税控除が受けられます。

※2

減価償却とは、30万円以上（大企業は10万円以上）の買い物（備品・設備・車両・建物など）に対して、対象物ごとにあらかじめ定められた期間で分割して経費に入れられる制度のことです。基本、個人事業主は定額制、法人は定率制になります。

※3

アホアホマンです。

※4 減価償却が増えた

※5 減価償却の意味はおろか、この税金のロジックを全く理解していませんでした。

※6 お金の力で取引先の女性と不倫を始めました。

※4

個人事業主から法人に切り替わると、減価償却の計算方法が、建物および付属設備はそのまま定額ですが、車両および備品は定率に切り替わります。

※5

毎月PL（損益計算書）とBS（貸借対照表）、すなわち「試算表」に必ず目を通しましょう。

※6

スーパーアホアホマンです。

※7　通帳の残高が著しく減り始めた

※8　なぜ簡単にお金を貸してもらえたのか

※7

法人は減価償却が定率であるため、最初の数年間は現預金が残るのですが、償却期間が半分を過ぎると、減価償却費よりも月々の銀行支払いの額が上回る現象が起きます。これを「デッドクロス（死の分岐点）」といいます。

※8

銀行は融資を行う場合、それまでの返済実績と今後の返済能力を見極めて貸し付けます。つまり、支払う能力があると認められると、５００万円ぐらいは簡単に貸してくれます。ただし、今回は〝足りない〟から借りたので、何も経費になるものを購入していません。つまり税引き後からの支払いになるので「１・５倍の法則（35ページ参照）」が当てはまり、後々苦しくなります。

※9　高級時計を買いました。

※10　売上は伸びているのに、預金残高はどんどん減り続けました。

※9

スーパーアホアホマンゴッドです。ちなみに高級時計は経費にならないので、「社長貸付」になります。

※10

要は減価償却が底を尽き、銀行への返済だけが残った状態です。仮に毎年５００万円の銀行支払いがあるとすれば、美容室の年間営業利益は約７５０万円以上必要になります。そこから借入金利を引いた経常利益が残り、さらにそこから約30％の法人税が引かれ、残りぴったり５００万円が銀行支払いに回ります。ということは、金利よりも、償却がない中で返済をしなければならないという事実を気にした方がよいです。

ちゃらんぽらん

減価償却のポイント

◎ 減価償却とは？

減価償却とは、事業で長期間使用する資産（建物、設備、車両など）の費用全額をいっぺんに計上するのではなく、資産を使用できる期間（耐用年数）に応じて、分割して費用計上する会計処理のことです。

◎ 個人は「定額」、法人は「定率」

減価償却費は、個人事業主なら毎年同じ金額を計上する「定額法」、法人の場合は、毎年一定の割合で費用が少なくなっていく「定率法」（建物は除く）で償却されます。つまり、法人は資産を購入した最初の年の償却費用が最も多く、年々減っていく、ということです。

- 個人事業主 → 定額法（購入費用 ÷ 耐用年数 ＝ 減価償却費）
- 法人 → 定率法（未償却の残高 × 定率法の償却率 ＝ 減価償却費）

※ 資産の耐用年数や定率法の償却率は、物品ごとに定められている。

◎ 個人と法人の減価償却の違い

例えば、総額300万円の設備を購入した場合……

・シャンプー台×1、セット面×3、ワゴン×3、ローラーボール×1、POSレジ×1など、全て耐用年数が5年のものを購入したと仮定
・個人は定額、法人は定率で償却

【減価償却費】

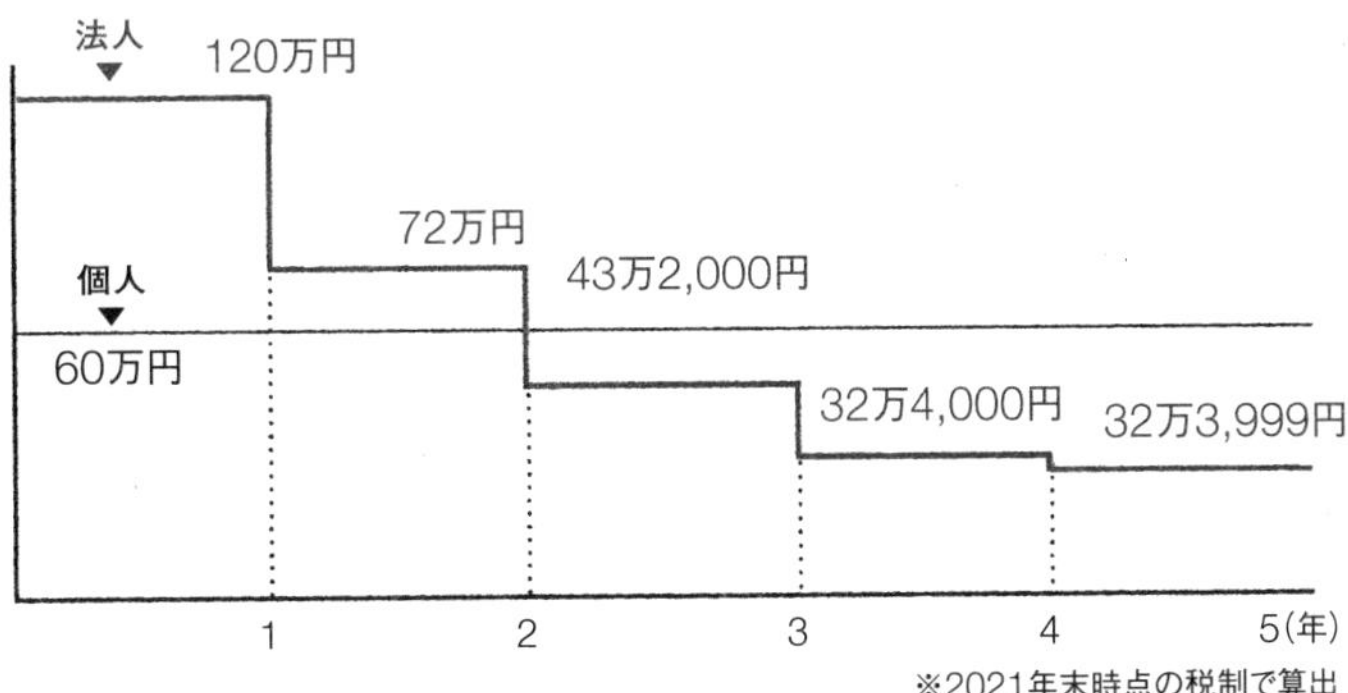

※2021年末時点の税制で算出

● 個人は毎年60万円を償却

● 法人は…
・前半は償却費が大きく、営業利益は減るが、通帳には現金が残る
・後半は償却費が減り、経費として計上できる金額も減る

という現象が起こるので注意。新規開業であれば、いずれ来る消費税納税や、減価償却費が減少した後の銀行への返済を見越し、手元に現金を残しておくことが大事!

※償却を終えた資産(6年目以降)は、個人・法人とも「1円」で計上する。

《まとめ》　最初の5年間で調子に乗ってはいけません

開業から約5年間は、減価償却とあらゆる税制優遇が受けられるので、税金はほとんどかかりません。つまり、6年目ぐらいから本当の意味で経営が始まるのです。

なので、最初の5年間でいかに現預金を増やしておくかが、運命の分かれ道。その後のビジネスライフに大きく影響してきます。

多店舗経営のサロンが常にスクラップ&ビルドを繰り返すのは、減価償却を求めているのが理由の1つにもなっています。

ちなみに、美容室経営においての減価償却の目安は……内装が14年、受付台などの建具が9年、椅子やシャンプー台、パソコンなどは5年、車両（乗用車）は6年です。

結局、いつも独りぼっちになるの巻

その彼は、30坪のサロンを1人で営業していました。
[※1]店内はとてもセンスが良く、そして整頓されていて、清潔感にあふれていました。来店される[※2]お客さまも、すごくおしゃれで華やかな方が多い印象で、評判もよく、技術も一流。お店はとてもはやっていました。

また、[※3]スタイル写真を撮る技術もかなりの腕前で、他の美容室から撮影の依頼が来るほどでした。しかし、うわさを聞いて入社してくるスタッフは、なぜか長続きしませんでした。彼はスタッフに対して、[※4]言葉がとても乱暴でした。

その年の4月、彼のお店に新卒生が2人入社しました。彼は[※5]「お客さま第一主義」と[※6]「完璧主義」の考えの下、[※7]一生懸命スタッフと関わり教育をしましたが、3カ月後、この2人のスタッフは辞めてしまいました。

それから数カ月後、今度は中途のジュニアスタイリストが入社してきました。彼は一生懸命関わりましたが、そのスタッフも半年で辞めてしまいました。それから幾度となく新卒と中途の採用を繰り返しましたが、[※8]いつもスタッフは数カ月で辞めてしまいました。

ある日、友人の紹介で新しいディーラーと取引をすることになりました。しかし数カ月たったころには、[※9]そのディーラーも来なくなりました。

彼はなぜ、いつも一人ぼっちになるのか分かりませんでした。スタッフに対しては、ただ「一流」と「完璧」を目指して、そのスタッフのことを思い、[※10]細かく、そして厳しく伝えているだけなのに……。

ディーラーやメーカーなどの外部の取引先とは、お互いに仕事のプロとして、小さなミスや仕事の遅れを[※11]きちんと指摘しているだけなのに……。

彼は今も1人でサロンを営業しています。

失敗のポイントはどこかな？
エピソードを読み解いてみよう。

《エピソード》

※1 店内はとてもセンスが良く、そして整頓されていて、清潔感にあふれていました。

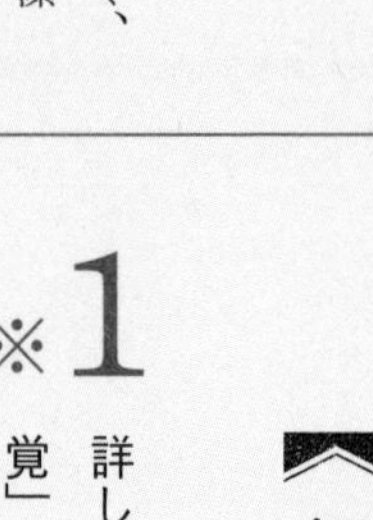

※2 お客さまも、すごくおしゃれで華やかな方が多い

《解説》

※1

詳しくは後ほど説明しますが、人は「視覚」「聴覚」「触覚」「嗅覚」「味覚」の五感を使って外の世界からの情報を把握しています（85ページ「表象システム」参照）。人によって優先的に使う感覚は異なり、視覚から外界を認識する人は「視覚優位」、聴覚からは「聴覚優位」、そして、触覚・嗅覚・味覚はまとめて「体感覚優位」の3タイプに分かれます。センスが良く、目から入る情報にとても敏感なこの彼は、典型的な「視覚優位」タイプ。なので、お店はとても洗練された空間になります。オーナー自身もおしゃれで派手な服装を好む傾向があります。

※2

視覚優位の美容師がつくるヘアスタイルや美容室には、「手入れのしやすさ」よりも「より洗練されたスタイル」を好むお客さまが多く集まる傾向があります。要は、「ビジュアル重視」のお客さまが得意ということです。

※3

実は、フォトコンなどで賞を取る人のほとんどが「視覚優位」です。

※3 スタイル写真を撮る技術もかなりの腕前

※4 言葉がとても乱暴

※5 「お客さま第一主義」

※6 「完璧主義」

※4

視覚優位の人の弱点として、言葉の使い方が挙げられます。頭の中の情報を全て「絵（ビジュアル）」で捉えるので、情報量が多く、早口になる傾向があります。また視覚優位の人は「聴覚」をあまり意識しないため、時として言葉使いが雑で乱暴になりがちです。なので「体感覚優位」と「聴覚優位」の人に対して、言葉で傷つけてしまうことがあります。

※5

個人的な見解ですが、顧客第一主義を掲げているサロンで、離職率が低いサロンを僕はあまり見たことがありません。

※6

完璧主義は、裏を返せば「潔癖主義」です。

※7 一生懸命スタッフと関わり

※8 いつもスタッフは数カ月で辞めてしまいました。

※9 ディーラーも来なくなりました。

※7

美容室経営の難しさの一つに、オーナー自身が「スタッフとの丁度いい距離感がつかめない」と感じていることが挙げられます。私が、「NLPセミナー（脳と心の仕組みを利用した能力開発プログラム）」を美容室オーナー向けに開催しているのも、これが理由です。

※8

スタッフは辞めたいのではなく、「働き続けたい理由がない」のです。

※9

出入りの業者さんに対して、偉そうなサロンオーナーも少なくありません。誰に対しても敬意と感謝を持って接するべきなのは、人として当たり前のことです。

※10 細かく、そして厳しく伝えているだけ

※11 きちんと指摘しているだけ

※10

これって基本、相手から好かれていることが大前提です。俗に言うパワハラです。

※11

これ、一番嫌われるやつです。

知っておいてほしい心理学用語「表象システム(優位感覚)」

心理学用語になるのですが、「表象システム」とは、外界を把握するときに使う感覚(視覚・聴覚・触覚・嗅覚・味覚)のことで、人によって、優先的に使っている感覚は異なると言われます。タイプとしては、「視覚優位」「聴覚優位」「体感覚(触覚・嗅覚・味覚)優位」の3つに分類され、それぞれに情報の受け取り方や感じ方、好みなどに違いがあります。

例えば、それぞれの優位感覚をシャンプーの好みで例えると、「容器などの見た目重視」が視覚優位、「ブランド価値とスペック(性能・成分)重視」が聴覚優位、「香りや使い心地重視」が体感覚優位、となります。

また、優位感覚によって得意・不得意、強み・弱みにも傾向がありますので、自分自身やスタッフ、周囲の人々を分析することで、普段のコミュニケーションや店づくりに役立てていただければと思います。

◎視覚優位

ビジュアル重視。おしゃれで派手な服装や、洗練されたスタイリッシュな空間を好む。一度に受け取る&発信する情報量が多いため、言葉が乱暴になりがち。

◎聴覚優位

ブランド・スペック重視。人の声(話し方やスピード、抑揚など)を正確に聞き取れるため、本人も言葉遣いが丁寧。会話を楽しむお客さまから支持を得やすい。ただし、絵やグラフなどを使って相手に情報を伝えるのが苦手。

◎体感覚優位

居心地重視。少々散らかっていても、居心地が良ければ問題なし。周りの空気を読むのが得意。ただし、外からの情報をいったん体に落とし込むというくせがあるので、レスポンスがやや遅れる傾向あり。美容師としての華やかさも出にくい。

《まとめ》伝わるように伝えなければ意味がない

「お客さま第一主義」という旗印の下、オーナーの主義主張をスタッフに押し付けることは、非常に危うい行為です。また、生産性の高いチーム・職場には、お互いの関係性に安心できるという、「心理的安全性」が必ず存在していることも、第二話（39ページ〜）でお伝えしました。

加えて、今回のお話からご理解いただきたいのは、人は「視覚」「聴覚」「体感覚（触覚・嗅覚・味覚）」の中から、いずれかの感覚（複数の場合もあり）を優先的に使っており、それぞれに得意・不得意な「情報の受け取り方」「アウトプットの仕方」があるということです（前ページ「表象システム」参照）。

要は、「内容を全て伝えたい視覚優位」と「話し方と伝え方が気になる聴覚優位」、そして、「答えを出すのに少し待ってほしい体感覚優位」……、ここを理解しないとコミュニケーションがうまくいきづらいのです。

「彼」の場合は、お客さま第一主義の完璧主義だった上、さらには「視覚優位」のケースに多い「言葉が乱暴」という特徴により、スタッフや取引先から愛想を尽かされました。

ただし、美容師としては一流ですので、そのまま1人で続けるか、または「スタッフ第一主義」に改め、コミュニケーションの取り方を根本から見直すか、選択肢は二つに一つしかありません。

解読不能なバランスシートを放置するの巻

その男性のサロンは街の中心地にあり、繁盛店ながらも、古い雑居ビルの中で35坪。少し目立ちにくい場所にありました。

あるとき彼は、[※1]美容ディーラーと銀行からの強いすすめで店を移転することにしました。

新しい店舗は、旧店舗に程近い街の中心部に立地し、店舗面積は60坪以上。[※2]家賃は70万円を超えましたが、とてもおしゃれなサロンになりました。

新店は瞬く間に有名になり、[※3]スタッフも20人に増えました。いつしか彼の下には[※4]何人もの美容室経営者が相談に訪れるようになりました。

彼はその都度、[※5]その日の売上の端数（1000円単位）をレジから抜き、彼らの相談に乗りながら、食事やお酒を振る舞いました。そして、少し見えを張りたい気持ちもあり、領収書は切りませんでした。

しばらくして、彼は自分のサロンの異変に気付きます。[※6]売上は伸びているのに、赤字が出始めたのです。理由の分からない赤字に疑問を抱きながらも、日々の忙しさに追われ、そのまま月日がたっていきました。

数年がたち、彼はもう一つの異変に気付きます。貸借対照表（バランスシート）[※7]上で、役員貸付が累積で１０００万円を超えていたのです。彼はその意味と原因が分からず、そのままにしました。

サロンはずっと大繁盛しているにもかかわらず、徐々に店の預金が底を突きはじめました。彼は、苦境の打開策として、銀行からの融資の誘いを受けて2店舗目を出店することにしました。

しかし、この時、銀行から借りたお金の金利[※8]が年利2・5%を超えていることは、あまり気に留めませんでした。

2号店も、初月は、そこそこの売上を上げ順調に見えましたが、売上の大半がクーポンサイト経由の集客によるものだったため、なかなか利益が出ませんでした。

翌年。通帳残高を上回る法人税と消費税の納税義務が生じました。しかし、売上は十分上がっているはずなのに、なぜか現金がありません。[※9]

その後、銀行からの借入を繰り返し、気が付けば、貸借対照表上で役員貸付が累積で2000万円を超え、長期借入金は4000万円を超えていました。[※10]

数年後、そのサロンは、消えてなくなっていました。

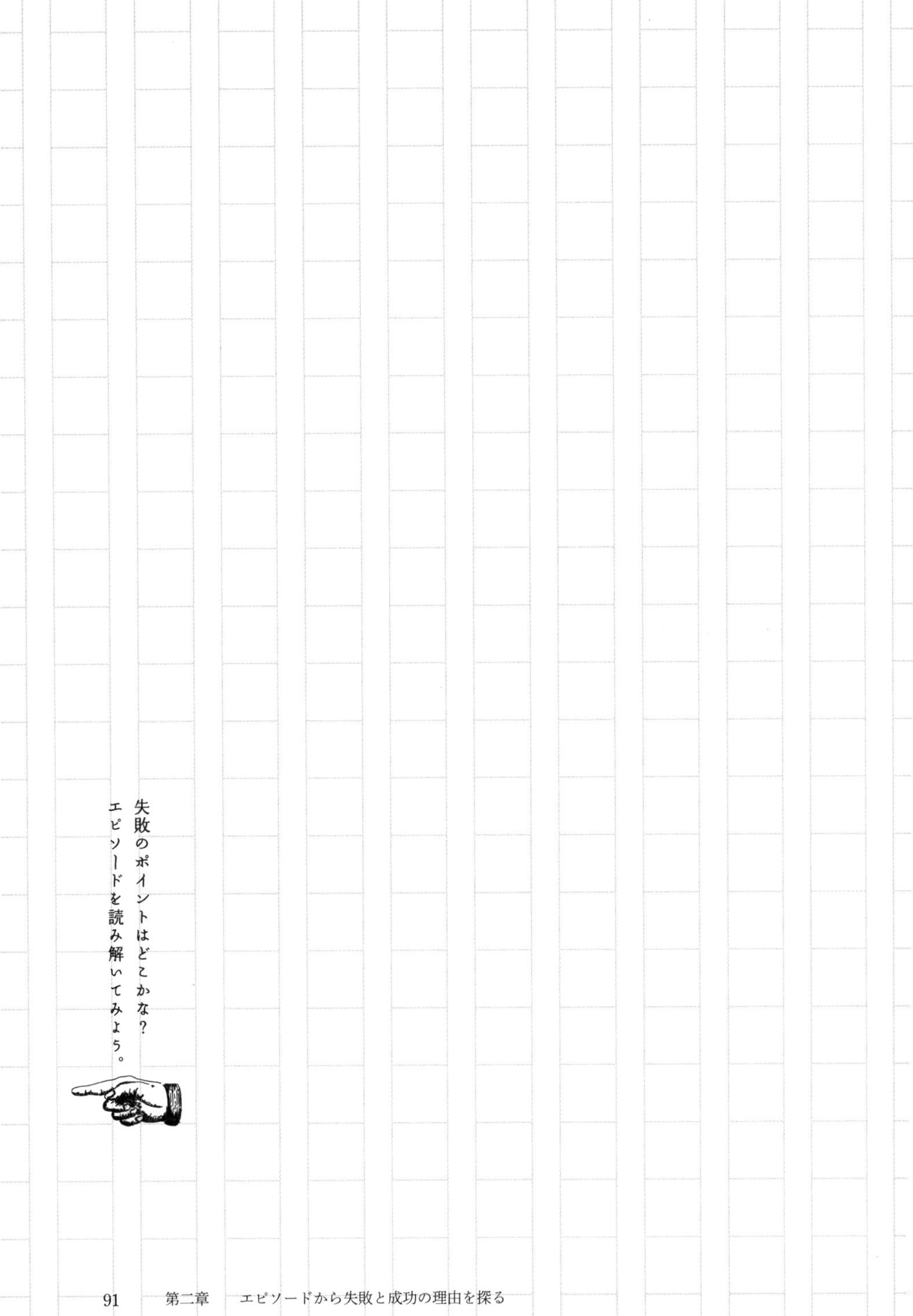
失敗のポイントはどこかな？
エピソードを読み解いてみよう。

【エピソード】

※1 美容ディーラーと銀行からの強いすすめで店を移転することにしました。

※2 家賃は70万円を超えましたが、とてもおしゃれなサロンになりました。

【解説】

※1

はい！　出ました‼　ザ・セールストーク！　第一話（29ページ〜）でも解説した通り、業者さんたちは、彼らの利益追求のために、僕たちサロンに自分たちの「商品」をすすめてきます。ただし、中には、自分たちサイドと同様にサロンの未来についても真剣に考え、大切にしてくれる人たちも必ずいますので、付き合うディーラーや銀行は自分の目できちんと選んでください。

※2

これも第一話でお伝えしましたが、家賃比率は売上の10％以下に抑える必要がありますから、この家賃だと月間売上が７００万円以上必要になります。そもそも、旧店舗は狭くない上にはやっていたわけですから、経営上はお金をかけて移転する必要がありません。あえて悪く言えば、「無駄にお金のかかる、見えを張る

※3　スタッフも20人に増えました。

※4　何人もの美容室経営者が相談に訪れるようになりました。

ためだけのサロン」をつくったということでもあるのです。

※3

このサロンは家賃が高く、また法人ならば、社会保険加入が義務となるので、スタッフ1人当たりの売上生産性は最低60万円必要になります。つまり、毎月1200万円以上の売上が必要なのです。達成不可能な数字ではありませんが、かなり大きなリスクを伴います。

※4

先輩経営者は、後輩経営者に成功体験よりも失敗体験を伝えていただけるとよいのですが、この時点では、まだ失敗に気付いていないので、正直、相談に訪れた経営者にとってマイナスのアドバイスしかできていません。

※5 その日の売上の端数（1000円単位）をレジから抜き、

※6 売上は伸びているのに、赤字が出始めたのです。

※5

今までたくさんのサロンのコンサルティングを行なってきましたが、レジからお金を抜いている経営者、かなり多いです。端数を抜いて銀行に入金しても、その日の売上と数字がズレるわけですから、税理士はお手上げです。つまり、足りない数字は全て「社長（役員）貸付」になります。この科目の数字が膨らむと、銀行からの評価は大きく下がります。

※6

実は多くのサロンがこの病気にかかっています。お金が足りないという理由で銀行からお金を借りると、何かを買うために借りたわけではないので、当然、その借入は「経費」になりません。つまり利益から返済することになりますから、第一話でもお伝えした通り「約1・5倍の法則」が当てはまります。

※7 貸借対照表（バランスシート）上で、役員貸付が累積で1000万円を超えていたのです。

※8 銀行から借りたお金の金利が年利2・5%を超えている

※9 売上は十分上がっているはずなのに、なぜか現金がありません。

※7

要は、社長がお店から1000万円以上持ち出しているわけです。銀行をはじめ、税理士や世間からは、「お金にだらしない経営者」と認識されます。もちろん、返済には1・5倍の額のお金が必要なのは言うまでもありません。

※8

一般的に美容室は現金商売の上、売上の変動が他業種に比べて少ないため、銀行はお金を貸しやすいのです。ただし、経営状態が健全な美容室に適切な金額を金利1・5%以上で貸し付ける銀行は、このご時世まずありません。金利2%を超えているということは、正直、銀行からの評価がかなり低いといえます。

※9

（※6）をそのままにしておくと、こうなります。

※10 役員貸付が累積で２０００万円を超え、長期借入金は４０００万円を超えていました。

※10

仮に減価償却がないと仮定した場合、返済するには、２０００万円＋４０００万円×１・５＝約９０００万円の営業利益が必要になるので、まとめると、ジ・エンドです⤵

① 最低1000万円を維持。
預金は最低1000万円を下回らないようにしましょう(1店舗当たり)。銀行からの信用度の一定の基準となり、何かあった際に借入がラクです。

② 店舗商品の在庫期間は1カ月以内。
不良在庫はサロンの体力を奪います。使わないものは必ず返品しましょう。

③ 持ち出しはNG。
これは社長が会社から借りているお金のことです。基本的にはこの科目の金額が大きければ大きいほど、お金にだらしない印象を与えます。銀行からの評価にもマイナス影響です。

④ 借入金額は年商以下、返済期間は5年以内。
銀行からの借入金額は、サロンの年商を超えないようにしましょう。また借入期間は必ず5年以内にします。「約1.5倍の法則」を忘れずに。

⑤ 会社への貸付はOK。
役員借入は、社長が会社に貸しているお金です。自分の給与から使った経費の領収書を経費計上し、その額を通帳から引き落とさないと役員借入が発生します。この科目の金額は大きくても問題ありません。

⑥ 銀行からの信用を得るには、300万円は必要。
年間の営業利益が800万円を超えた時点で法人に切り替えると、節税になります。ただし資本金は最低300万円以上にしましょう。銀行からの信用度が上がります。

美容室の貸借対照表（バランスシート）最低この6つはおさえて

【貸借対照表】

株式会社〇〇美容室

	資産の部		負債の部		
	科目	金額	科目	金額	
	現預金		仕入債務		
	現金	XXXX円	買掛金	XXXX円	
①▶	預金	XXXX円	その他流動負債		
	売上債権		未払給与	XXXX円	
	売掛金	XXXX円	未払税金	XXXX円	
	棚卸資産		預り金	XXXX円	
	材料	XXXX円	固定負債		
			長期借入金	XXXX円	◀④
②▶	商品	XXXX円	役員借入金	XXXX円	◀⑤
	その他流動資産		負債合計	XXXX円	
③▶	役員貸付金	XXXX円	純資産の部		
	有形固定資産		科目	金額	
	建物	XXXX円	資本金		
	建物付属設備	XXXX円	資本金	XXXX円	◀⑥
	工具器具備品	XXXX円	利益剰余金		
	投資その他		未処分利益	XXXX円	
	差入保証金	XXXX円	純資産合計	XXXX円	
	資産合計	XXXX円	負債・純資産合計	XXXX円	

《まとめ》「財務なんか分かりません」は経営者失格

今回の問題点は、４つ。

①見えを張りたいだけの、目的が不明瞭なサロンの移転。
②売上の管理が雑。
③バランスシートの見方を理解していない。
④店舗を増やせばもうかると思っている。

まずは、ちゃんとした税理士を雇うことを強くおすすめします。ちゃんとした税理士を簡単に見つける方法は、利益を残しているサロン経営者が雇っている税理士を紹介してもらうことです。

その上で、経営者自らがファイナンシャルリテラシー（財務の知識）を高めることが必須です。美容室経営も、れっきとしたビジネスです。きちんとした知識をもとにやっていけば、〝普通〟に大成功できることを心に留めていただけたらと思います。

美容師は育てられたようにしか、育てられないの巻

その30代の男性スタイリストは、東京の有名サロンで修業した経験がありました。何十人ものライバルを蹴落とし、[※1]副店長まで上り詰めた実力者です。彼は数年の役職経験を経て地元に帰り、美容室をオープンしました。

技術力もさることながら、彼は[※2]お客さまを大切に思う気持ちとレベルの高い接客のセンスを持ち合わせており、お店は瞬く間にはやり始めました。

しかし、彼のサロンはスタッフが続きませんでした。彼は[※3]真面目で努力家でしたが、その分、スタッフにも厳しく、理詰めで正しいことを正しく教え、結果、スタッフの気持ちの逃げ場がなくなり、辞めていく……というのを何度も繰り返しました。彼は、そんな自分を反省し、少しずつスタッフに優しくなれるように頑張りました。

しばらくして、男性のAくんが入社してきました。少し不良っぽいタイプでしたが、仕事ぶりはとても真面目で、努力家でした。彼は、[※4]Aくんを大事に思いましたが、その分、情が深くなり、気付けばとても厳しく教育をしていました。でもAくんは、辞めることなく頑張り続けました。[※5]彼（オーナー）に認めてもらいたかったのです。

月日がたち、店は3店舗に拡大。Aくんは、彼の右腕になっていました。

3店舗を統括するAくんは、やる気に満ちあふれていたため、結果を出せないスタッフや、やる気のない子には、とても厳しく指導しました。[※6]オーナーのイズムを体現していないスタッフが許せなかったのです。

結果、力のないスタッフが順番に辞めていきました。でも、Aくんはまた他の子が目に付きます。[※7]一番できない子が辞めると、その次にできない子が気になりはじめたのです。

そしてまたそのスタッフを厳しく教育しました。

Aくんは「去る者を追わず」の精神で、自分の考えと行動を見直しませんでした。

数年後、彼の美容室は1店舗になっていました。Aくんは自分の居場所がなくなり辞めていきました。

間もなくして、彼の美容室はなくなりました。

失敗のポイントはどこかな？
エピソードを読み解いてみよう。

《エピソード》

※1 副店長まで上り詰めた実力者です。

※2 お客さまを大切に思う気持ち

※1

《解説》

厳しい環境で勝ち抜いてきた人ほど、他人に厳しくなる傾向があります。これは、自分を基準に相手を見ているからです。幹部には、相手に軸を置いて物事を見る訓練が必要です。

※2

ほとんどの美容師がこの病気にかかっています。一緒に働くスタッフも、サロンの関係者も、みんな大切にされたい気持ちは同じです。人を公平に扱う前に、平等に接する努力が必要です。商売では「お客さま優先」が公平であり、常識とされるかもしれません。スタッフはそれを理屈では理解できますが、感情が付いていきません。長く繁栄しているサロンはお客さまとスタッフを平等に、あるいはお客さま以上にスタッフを大切にしています。スタッフがサロンを愛し、オーナーを尊敬するから繁栄が続くのです。

※3 真面目で努力家でしたが、その分、スタッフにも厳しく、

※4 彼は、Aくんを大事に思いましたが、その分、情が深くなり、気付けばとても厳しく教育

※5 彼（オーナー）に認めてもらいたかったのです。

※3

教育に関しては、つい熱くなり過ぎるオーナーが多いように思います。人は自分が必要としていない事柄を他人からアドバイスされると、かなりのストレスを感じます。自分の思いだけでは他人には伝わらないことを理解しましょう。

※4

信頼関係が構築されていると仮定した上で、この方法でもしうまく育ったならば、その子は必ず次の世代に同じ行動を取ります。労働条件が過酷な美容業界において、これまでのやり方はもう、ほとんど通用しないことを認識する必要があります。

※5

ナンバーツーで頑張ってきた人たち、特に男性は、組織のトップからの強烈な承認欲求を持っていることが少なくありません。まずは人からの評価に依存しない、自己肯定感を身に付ける教育が必要です。

※6 オーナーのイズムを体現していないスタッフが許せなかったのです。

※7 一番できない子が辞めると、その次にできない子が気になりはじめたのです。

※6

承認欲求が強い人ほど、それに反比例して自己肯定感が低い傾向があります。なので、どうしても、できない後輩や部下につらく当たりやすいのです。これは、「俺が認めているオーナーを認めない奴は、俺を認めていない」と見なしてしまうから。また、サロン全体のことやスタッフのためという以前に、オーナーに対して、「俺はやっています！」ということを誇示してしまうがゆえでもあります。

※7

これは錯覚ではなく、実際に結果の出せない、やる気のない子が必ず次々と生まれてくるためです。これを「2—6—2の法則」といいます。

どんなに優秀な集団にも当てはまる2-6-2の法則とは？

これは、集団やグループを構成した場合、自然発生的に「積極的に働く2割」「普通の6割」「怠け者2割」の内訳になるという法則です。働きアリの法則と同一視されることもあります。

一般的に"働き者"の印象が強いアリ。でも実際には、2割程度のアリはフラフラと遊んでいることが研究で明らかになっています。そこで、この怠け者のアリを集団から排除すると、怠け者不在で全員がせっせと働くようになるのかと思いきや……しばらくすると、残ったアリの中のやはり2割程度が、さぼり始めます。また逆に、文字通り働いている上位2割の働きアリだけをかき集めて、1つのスーパー集団をつくってみます。それこそ、すごい勢いで仕事をしそうなものですが、やはり時間とともに2-6-2が形成され、一部が怠け者に変身するそうです。人間も同様。組織をつくれば、積極的に働く人と、怠け者が必ず現れるものなのです。

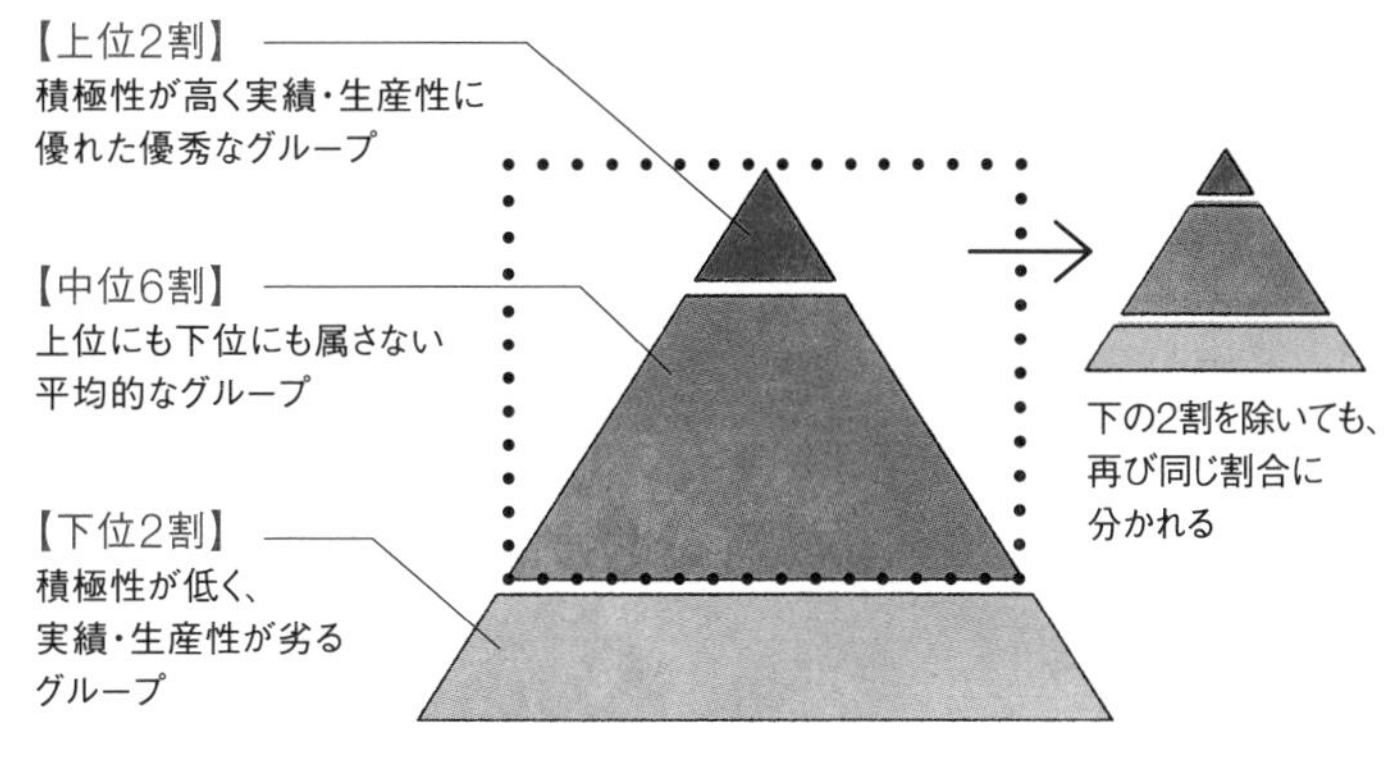

《まとめ》失敗体験を共有してこそ右腕

美容師は「個人売上」という分かりやすい数字が付いて回る仕事であるため、この数字に応じて組織内のパワーバランスが形成されやすい傾向があります。売上はとても大切ですが、本来、人の価値はそれだけで測れるものではありません。

多店舗展開を視野に入れる経営者には、ナンバーツーの存在が不可欠ですが、数字という一元的なものの見方しか持たないナンバーツーが育ってしまうと大変なことになります。

右腕となる人には、経営者がリーダーとしての自身の失敗経験……特に、スタッフへの接し方や人材育成についての失敗談を具体的に語って共有し、同じ失敗を繰り返させない工夫をすることが大切です。

正解を示すのではなく、失敗経験を伝えてこそ師、数字を持つだけでなく、失敗経験がしっかり共有された人こそ右腕です。さもなくば、サロンはナンバーツーの手により破壊されることとなります。

店舗設計で後悔するの巻／3編

① 新築編

その彼は、独立するにあたって、自分のサロンを一から借地に建てることにしました。

設計と施工は、その地域ではかなり有名で、おしゃれなカフェや美容室を手掛けている[※1]デザイン事務所兼施工会社に頼みました。

数カ月後、とてもすてきなサロンが完成しました。

天井高は4メートルあり、屋根は木の瓦を使って板ぶきにし[※2]、壁や床にも全て木の風合い[※3]を前面に出しました。窓や扉の枠も全て木枠で仕上げ[※4]、外側のエントランスには枕木を並べて[※5]、プロバンス風とログハウスが融合した、まさに「ザ・デザイナーズサロン」と言える雰囲気に。

お店は瞬く間に大人気となり、その地域で一番の人気店になりました。

数カ月後、彼は小さな異変に気付きます。雨が降ると雨漏りはしていたのですが、そのせいで窓の木枠がゆがみ、ガラスが割れ始めました。いくつも割れるので、彼はきりがないと思い、[※6]施工会社には言わずに、そのまま放っておきました。

1年がたったころ、彼はさらに異変に気付きます。外側のエントランスに敷いていた枕木にイタチの家族が住み着き、木が腐り、穴ぼこだらけになりました。

さらに数カ月後、今度は外堀に植えていた[※7]庭木が次々と枯れ始めました。近づいて見てみると、カメムシが1000匹以上止まっていました。

彼は何とかカメムシを駆除したのも束の間、お店の雨漏りがあまりにもひどいので、今度は屋根を確認してみると、木製瓦が反り返り、その裏側ではびっしりとコケとキノコが栽培されていました。

数年後、お店を少しずつ修繕しながら営業をしていたある日、外から突然、ドーンという大きな音と共にお店が揺れました。慌てて外に出てみると、[※8]お店の外壁が丸ごと一面倒

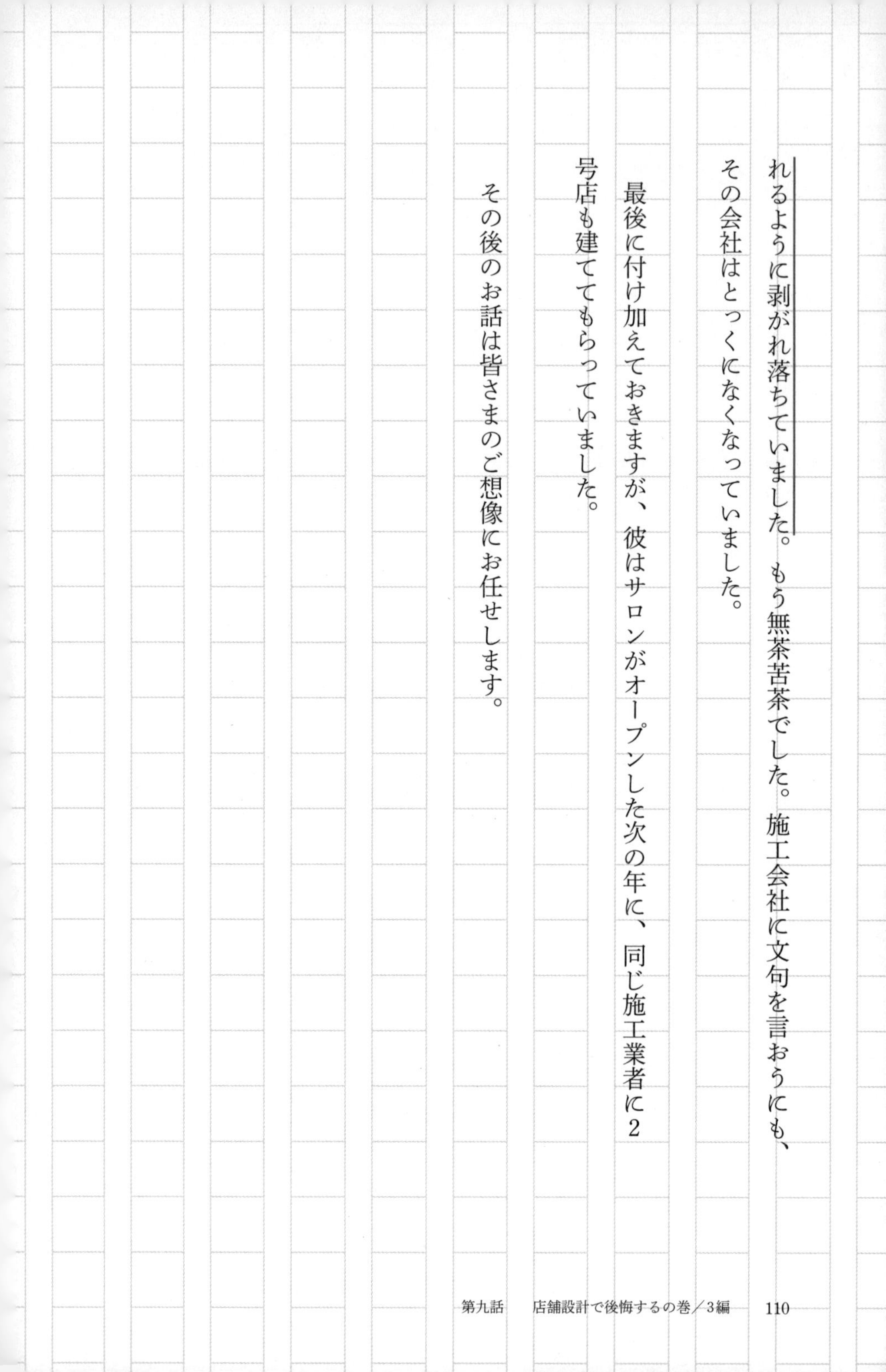

れるように剥がれ落ちていました。もう無茶苦茶でした。施工会社に文句を言おうにも、その会社はとっくになくなっていました。

最後に付け加えておきますが、彼はサロンがオープンした次の年に、同じ施工業者に2号店も建ててもらっていました。

その後のお話は皆さまのご想像にお任せします。

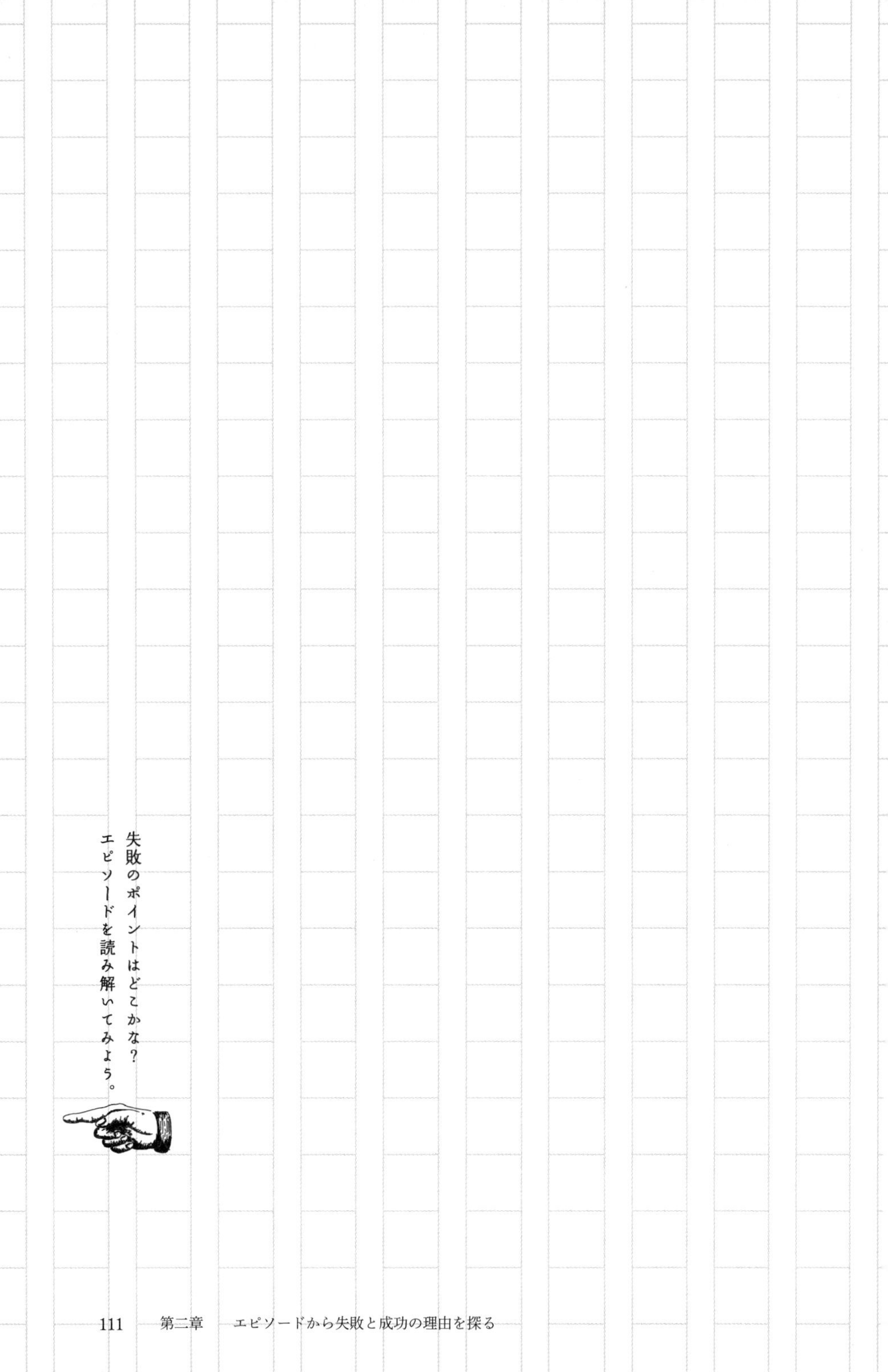

失敗のポイントはどこかな？
エピソードを読み解いてみよう。

【エピソード】

※1　おしゃれなカフェや美容室を手掛けているデザイン事務所兼施工会社に頼みました。

※2　屋根は木の瓦を使って板ぶき

※3　壁や床にも全て木

【解説】

※1

最先端の施工とはつまり、長期間のエビデンスが取れていないということです。評判をうのみにせず、設計の段階から周りの専門家に相談することをおすすめします。

※2

屋根は耐久性のある「屋根材」を使わないと絶対にダメです。

※3

よく床に無垢材を使用しているサロンがありますが、美容室には不向きです。薬液や水が染み込むので、木が反り、臭いが出ます。また、外壁が木材だと傷みがかなり早いので、頻繁に手入れが必要です。

※4　窓や扉の枠も全て木枠

※5　枕木

※6　施工会社には言わずに、

※7　庭木が次々と枯れ始めました。

※8　お店の外壁が丸まる一面倒れるように剥がれ落ちていました。

※4

今回のケースは、窓枠にゴムのパッキンが入っていませんでした。

※5

枕木はすぐに朽ちるのでおすすめしません。

※6

すぐに言いましょう。

※7

カメムシの中には、1日で植物を枯らすことのできる種類がいるそうです。

※8

壁と躯体の間に雨水が入り込み、中が腐っていたそうです。

②移転編

その彼は、サロンを2店舗経営していました。

店舗は2つとも美容室専門の設計・施工会社[※9]が手掛けたこともあり、とてもセンスの良い内装でした。

ですが、彼も60歳になってスタッフも減り、家賃も高いので、2店舗を統合して縮小移転することにしました。

まずはテナントを見つけました。

そして、ちゃんと成功している友人[※10]のつてで、飲食店などの店舗全般を専門に手掛ける業者を紹介してもらいました。

しかし彼は、以前の改装で美容室専門の業者を使った際に費用がかなり高かった[※11]経験もあり、専門のメーカーに依頼することにも抵抗がありました。

そこで、別の友人から紹介してもらった地元の工務店[※12]にくら替えをしました。

2カ月後、お店は完成しましたが、ただの安っぽい家みたいなお店になりました。[※13]当然、新規客は来ませんし、既存客もかなり減りました。[※14]

失敗のポイントはどこかな？
エピソードを読み解いてみよう。

【エピソード】

※9 美容室専門の設計・施工会社が手掛けた

※10 ちゃんと成功している友人

※11 美容室専門の業者を使った際に費用がかなり高かった

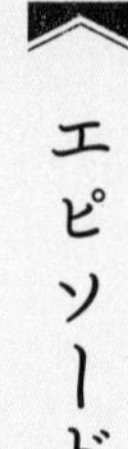

【解説】

※9

美容室専門業者はやはり美容室をつくるプロです。自分によほどの経験と自信がない限り、そこを外すのは危険です。

※10

まずは、自分より「本当に」うまくいっている経験値の高い友人や先輩の声に耳を傾けてください。改装(高額な設備投資)に関しては、成功することよりも失敗しないことに意識を向けてください。

※11

高ければ、足したり引いたりしながら安く見積り直せば済むだけの話です。専門のメーカーを外すのはかなり危険です。設計の打ち合わせは慎重に進めましょう。

※12 地元の工務店

※13 安っぽい家みたいなお店になりました。

※14 新規客は来ませんし、既存客もかなり減りました。

※12

美容室専門のメーカーが設計を行い、施工は美容室専門の施工会社（工務店）を現地調達し、その設計に従って施工してもらう流れが基本です。つまり地元のいわゆる普通の工務店は、美容室の設計は全くの専門外で、本来できないことが多いのです。

※13

だって、家しかつくったことがないので当たり前です。

※14

よく、新装開店のサロンのうたい文句に「自宅にいるようなリラックスできる空間」みたいなキャッチを付けているサロンがありますが、正直ヤバいなと思います。だって、お客さまは気分を変えたくて来店されるのに、なんで自宅から「自宅みたいな場所」に移動する必要があるのでしょう？　よーく考えましょう。

③ 改装編

彼のお店は、2階が住居で1階が美容室になっていました。

サロンははやっていたのですが、彼自身50歳を過ぎていて、お店は、外観も内装も「ただの家」にしか見えなかったので、紹介で新規のお客さまは来てくれるものの、通りがかりにお店を見つけて来てくれるお客さまは皆無でした。

そこで彼は、スタッフのための新規客獲得と、いずれ来る事業承継[※15]を視野に入れ、大規模な改装をすることにしました。

まず彼はちゃんと成功している友人の紹介[※16]で、某有名コーヒーチェーン店や某有名アパレルブランドの店舗設計をしているメーカーに依頼しました。

しばらくして、外装と内装の完成予想図ができました。当初の依頼通り、20代後半から

40代後半の女性へ向けた、某有名コーヒーチェーンさながらの程よい緊張感と程よいリラックス感のある、とてもすてきなデザインに仕上がっていました。

しかし実は、彼のイメージとはかなり違っていました。そこで彼はメーカーとやり取りしながら、[※17]自分のセンスをふんだんに盛り込み、なおかつ予算も減らしていきました。

2カ月後、[※18]彼の思い描いた通りのサロンが完成しました。改装前と比べ、少し新しくなった感じにはなりましたが、やはりただの「家」になりました。その後はというと、以前と変わらず新規客は来ないものの、普通にこれまで通りのサロン営業をしています。しいて変わったところを挙げるなら、通帳の残高がなくなったことぐらいでした。

失敗のポイントはどこかな？
エピソードを読み解いてみよう。

《エピソード》

※15　いずれ来る事業承継

※16　ちゃんと成功している友人の紹介

※17　自分のセンスをふんだんに盛り込み、

《解説》

※15

今いるスタッフにお店を任せたいのであれば、自分ではなく、そこで働くスタッフと、そこに来てくれるお客さまのニーズに合わせる必要があります。

※16

何度もお伝えしますが、まずは、自分より「本当に」うまくいっている経験値の高い友人や先輩の声に耳を傾けてください。改装（高額な設備投資）に関しては、成功することよりも失敗しないことに意識を向けてください。

※17

そもそも自分のセンスが古いからプロに任せたはずです。要は、途中から目的とゴールがズレてきていることに気付いていないのです。

※18 彼の思い描いた通りのサロンが完成しました。改装前と比べ、少し新しくなった感じにはなりましたが、やはりただの「家」になりました。その後はというと、以前と変わらず新規客は来ないものの、普通にこれまで通りのサロン営業をしています。しいて変わったところを挙げるなら、通帳の残高がなくなったことぐらいでした。

※18

実は、これを何回も繰り返しているサロンオーナーは意外と多いです。

改装のヒント

1.「改装費」と「修繕費」を使い分ける

一般的に、「改装費」は9～15年の減価償却扱いとなり、「修繕費」は経費として一括償却します。そこで、当期の利益が出すぎて節税したい場合は「修繕」の範囲内で、また、利益があまり出ていない場合は減価償却できる「改装」がおすすめ。「これは改装か修繕か……」と迷ったら、税務署に相談すると教えてくれます。

◎ 改装費…新たに何かをつくる
(例)セット面を増やす、個室をつくる
金額の目安:100万円超～
→ 9～15年の減価償却

◎ 修繕費…壊れた箇所を直す
(例)壁のひび割れ箇所にタイルを張る、汚れた床を張り替える
金額の目安:～100万円程度
→ 経費として一括償却

2. 10年たっても、古くならない内装に

美容室の商品は、そこで働くスタイリストたちです。派手で主張の激しい内装はすぐに飽きられる上、時にスタッフをかすませてしまいます。スタッフが映えるようシンプルに、また、何度も無駄なお金をかけないよう、長く使えるサロンをつくりましょう。

3. 予算をかけ過ぎない

これは、とある美容室で実際にあった話です。昔からお願いしている内装業者に照明工事を依頼したところ、170万円の見積もりが届きました。後日、同じ工事をヤ○ダ電機に見積もってもらったところ、その額はなんと7万5,000円!面倒でも、どんなに仲の良い業者でも遠慮せず、必ず2社以上から相見積もりを取りましょう。

4. 汚れや傷みの付きにくい工夫が必須

サロンは、ワゴンが壁に当たって傷ついたり、ヘアカラー剤が床や壁に付いてしまったりと、とにかく傷みやすいもの。掃除しやすく、清潔に保てる素材選びと工夫で、サロンを長持ちさせましょう。

◎ 腐りやすい無垢材を床に使わない。
◎ ワゴンの高さに腰壁を設ける。
◎ パーマ剤など薬液の臭いがこもらないよう、換気設備を充実させる。
◎ 流水設備周辺は、木材やクロス材を避ける。

《まとめ》 残念な結果を招かないために

施工業者は慎重に選びましょう。特にケース①のような新築の場合、テナントの改装とは違って美容ディーラーやメーカーのサービスから外れることが少なくないので気を付けてください。
ケース②のサロンは、セット面の下に白い紙クロスを貼っていたので、1カ月もたたないうちに靴が当たって真っ黒に‼ 壁もワゴンが当たるところに黒く線が入り、水回りもドロドロ、床は防水用の接着剤を使っていないのでカパカパと浮いてしまう始末。「餅は餅屋」に頼みましょう。

何のために改装するのか、結果、何を残したいのか、一度の改装で、一体いくらの老後の資金を使うのか、よーく考えましょう。お金をかけて改装したのに、売上が上がらないのであれば、それはただの自己満足であり、自分やスタッフの将来に必要なお金をただ使い込んだだけ……になることをしっかり理解しましょう。

とにかく、開業時は信頼できる外部の人々の意見を聞くことが重要です。ここで言う「信頼できる人」とは、うまくいっている美容室経営者の先輩や、こちら側に立ってアドバイスをくれる人のことです。税理士さんや社労士さんも含まれます。税理士さんからは資金繰りや補助金、見積もりについてのアドバイスを、社労士さんからは助成金のアドバイスをもらいましょう。開業時に使える助成金・補助金はいくつかあります。

「平成枯れすすき」から復活するの巻

第一部

その夫婦が経営するサロンは、とある地方都市の中心部にありました。

店舗面積は[※1]20坪、家賃20万円、[※2]借入1500万円で、夫婦2人＋アシスタント2人でスタートしました。売上は順調に伸びていき、丸2年を過ぎたころには、[※3]夫婦2人＋スタイリスト1人、アシスタント2人で、年商は5000万円、[※4]年間営業利益は500万円を超えていました。夫婦は早速、[※5]高級外車とマンションを買いました。

そしてその翌年、[※6]消費税の免除を受けるために、[※7]美容室を資本金100万円で法人成りしました。さらに、[※8]同じ商圏エリアに2号店をオープンしました。店舗面積は[※9]25坪、家賃38万円、借入2000万円で、既存のスタッフ2人に中途スタイリスト2人と新卒3人を新たに加え、計7人でスタートしました。

当然のごとく、[※10]周りからは称賛をもらいましたが、[※11]店舗数が倍の2店舗、夫婦2人を除いたスタッフ数はおよそ3倍に増え、借入金も倍増。商圏も同じ上、夫婦も含めた計5人のスタイリストも分散しただけなので、この年から初の赤字に転落しました。

それから3年間は、毎年、決算前に500万円を借り続けることになっていたのですが、[※12]一方で、2号店を任せていた店長もめきめきと実力を付け、月間個人売上は150万円、月間店舗売上は4人で250万円を超えていました。そのかいもあり、利益は出ていないものの、両店舗を合わせた年商は7500万円を超えていました。

しかし、その翌年、2号店の店長は、独立のために退職してしまいました。[※13]当然、2号店の売上は半分になりました。そこで夫婦は、経費削減と心機一転のため、家賃20万円の[※14]居抜き物件に、プラス300万円をかけて2号店を移転させました。

しかし、売上と利益は伸びず、スタートから8年たった時点での財務状況は、銀行借入が3000万円、役員貸付も2000万円を超えていました。[※15]

その夫婦は『昭和枯れすすき』[※16]ならぬ「平成枯れすすき」になりました。

第二部

夫婦2人で廃業を考えていたある日、美容室を経営している同い年の友人と会いました。その友人は自分たちより小さな美容室を1店舗、10年以上経営していました。そしてなぜか、彼のお店は10年近く、スタッフが誰も辞めていませんでした。[※17] さらにその友人は、なぜかとても裕福でした。

夫婦は、彼のアドバイスを聞くことにしました。

まず手始めに、友人の指示で2号店をたたみ、1店舗にしました。するとなぜか、その年から年商は2000万円減りましたが、突然現預金が増え始めました。[※18]

次に、住んでいたマンションを売却して、会社名義でマンションを借りました。[※19] そして家賃の半分を会社に収めました。するとなぜか、法人税が減り、会社の現預金も増え、自分たちの給与の手取りが増えました。

次に、会社の[※20]資本金を100万円から1000万円に、個人の預金を入れて増資しました。するとなぜか、銀行の担当者が下手に出るようになり、借入金利が下がりました。

次に、[※21]会社の経営理念をなくしました。するとなぜか、オーナー自身が「目的とゴール」を考えるようになりました。

次に、[※22]サロンの年間計画（中長期計画）を立てるのをやめました。するとなぜか、新しいビジネス案件が次々と入ってくるようになりました。

次に、[※23]顧問税理士を変え、新たに社労士も雇いました。するとなぜか、役員貸付の2000万円を消すことができました。さらに、社労士と打ち合わせの末、[※24]助成金をもらいながらスタッフの賃金を1・5倍に上げ、完全週休2日制にしました。するとなぜか、スタッフがピタッと辞めなくなりました。

次に、[※25]サロン内での割引キャンペーンと季節ごとのイベントをやめ、[※26]営業時間外の会議と練習も全てやめました。するとなぜか、お客さまのリピート率が上がりました。

次に、[※27]スタッフに対して全ての指示や指導を「お願いと相談」に変えました。するとなぜか営業がスムーズに回り、オーナーの仕事が減りました。

次に、[※28]オーナーはスタッフに対して怒るのをやめ、御礼だけ言うようにしました。するとなぜか、サロンの売上が伸びました。

こうして、次々とサロンのやり方や考え方、スタッフへの伝え方を変えていきました。

あれから5年がたちました。

その夫婦はたくさんの困難に立ち向かい、謙虚な姿勢で自身の考え方と行動を変えていきました。勇気を持ってやり方を変え、サロンを改革し、自分たちが真に求める目的とゴールを、自信を持って追求し続けたことで、結果、とても立派な経営者となりました。

現在、その夫婦は、都心の新築高級マンションに引っ越しています。[※29]

地方に太陽光発電所（メガソーラー）を建設し、売電収入（不労所得）を手に入れています。[※30] 海外の不動産も手に入れ、[※31] 自身の経験と結果をもとに経営コンサルタント事業も始めました。[※32]

夫婦の含み資産は1・5億円を超え、資産家となりました。

失敗と復活のポイントはどこかな？
エピソードを読み解いてみよう。

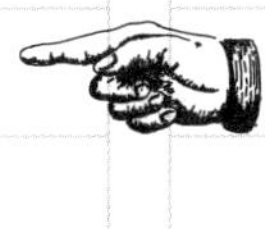

《エピソード》

※1　20坪、家賃20万円、

※2　借入1500万円で、夫婦2人＋アシスタント2人でスタートしました。

※3　夫婦2人＋スタイリスト1人、アシスタント2人で、年商は5000万円、

《解説》

※1

家賃比率は技術売上の5〜10％以内が理想なのでOK。

※2

「月間技術売上×6カ月以内」に店舗用の銀行借入を抑えられていたらOK。つまり、この店舗は月間技術売上が250万円あれば問題なしです。

※3

年商5000万円÷12カ月÷5人＝1人当たり月間生産性が約83万。オーナーも含めた上での労働分配率を40％に設定しても、スタッフ1人当たりの平均給与はひと月約33万円以上（ボーナスを年2回、1カ分出したなら約28・5万円）出せるので、いい感じです。

※4 年間営業利益は500万円

※5 高級外車とマンションを買いました。

※4

年間での営業利益は年商の10％以上が理想なのでいい感じです。ちなみに優良企業の「税引き後純利益」の目安は年商の5％以上なので、このくらい残せたら銀行からの評価は高いです。

※5

はい出ました!! 美容師あるある。ちょっともうかったらすぐ贅沢（ぜいたく）する件!! 消費、浪費、投資の中で一番要らない浪費の件。ちなみに、もしこの2つを法人で購入していたら、消費税の減額と減価償却（一定の期間に一定の割合で経費として計上できる）を取ることができます。まぁ、ムダ金ですけどね。

※6 消費税の免除を受けるため

※7 美容室を資本金100万円で法人成り

※8 同じ商圏エリアに2号店をオープン

※6

ある一定の条件下で、個人は2年、法人は2年の消費税免除が受けられます。現在は条件が厳しくなっていますが、この当時は年商5000万円までならほぼ無条件で個人・法人合計4年間の消費税が免税でした。

※7

資本金が100万円ということは、赤字が100万円を超えたらたちまち「債務超過」ということになります。銀行はこれをめちゃくちゃ嫌います。資本金は最低300万円にしましょう。

※8

賛否両論あると思いますが、僕の考えは、同じ商圏に2号店を出す前に、既存のサロンの営業時間と営業日数を増やす方がかなり効果的だと思っています。2号店を出すと固定費は2倍になりますが、1店舗のまま、1号店をフル回転（月曜日もしくは火曜日の店休日を

※9 25坪、家賃38万円、借入2000万円で、既存のスタッフ2人に中途スタイリスト2人と新卒3人を新たに加え、計7人でスタート

年間合計50日開けた場合）させれば、このサロンの1日の平均売上は17万円弱なので、固定費はそのままで、なおかつ、スタッフを5人増やしても年間で約830万円以上の営業利益が上乗せ可能な計算になります。そもそもサービス業で、テナントを借りているのに週一で店を閉めているのは美容室ぐらいです。

※9

家賃38万円ということは、家賃比率10%とすると月間技術売上は380万円必要。借入返済額基準では、技術売上×6カ月の借入がベストです。つまり借入額2000万円だと最低月間技術売上は約330万円あればOK。ただしここで注目なのは、店舗面積。以前にもお話ししましたが、鏡1枚当たり50万円の技術単価で計算すると、月間必要技術売上380万円÷50万円＝7～8枚の鏡が必要になるので、25坪のサロンであっても最低7つのセット面がないと、必要な技術売上が出しにくくなります。

※10　周りからは称賛をもらいました

※11　店舗数が倍の2店舗、

※10

そうなんです！　これにみんなはまっちゃうんです‼　そりゃあ業者さんは売上が伸びるからうれしいですよ。褒めてくれます。美容師仲間からも、目に見える形で分かりやすいので称賛されます。でもね、その称賛に値するだけの「利益」はなかなか出ないんですよ。多店舗展開サロンが、みんなの前で年商は言うけど、「利益」を教えてくれないのはそういうことです。まずは1店舗でどれだけ稼ぎ倒せるか、ここにチャレンジしてみてください。

※11

固定費が2倍になるように、売上も2倍になれば問題ないのですが、やはりプレイングオーナーの居ない店舗は営業能力が低くなりがちです。結果、割引やキャンペーンなどの低料金化にシフトしてしまう。客単価が1000円下がれば営業利益は約半分まで落ち込みます。一般的に、店舗展開による美容室の「利益」が出にくい原因は、まさにここにあります。

※12 それから3年間は、毎年、決算前に５００万円を借り続けることになっていたのですが、一方で、2号店を任せていた店長もめきめきと実力を付け、月間個人売上は１５０万円、月間店舗売上は４人で２５０万円を超えていました。そのかいもあり、利益は出ていないものの、両店舗を合わせた年商は７５００万円を超えていました。

※13 店長は、独立のために退職

※12

要は、売上は高く、ＰＬ上では利益が出ているのですが、減価償却を超える銀行支払いがあるため、通帳に現金がなく、税金が払えない状態だということです。追加で融資を受けなければ「黒字倒産」を起こすので、やむなく借り続ける、いわば「自転車操業」に陥っているわけです。

※13

そりゃそうなります。だってオーナーである我々も、そういうプロセスを経て独立をしてきたんですから。そもそも「独立に興味がありそうな人材」を採用したのですから仕方がないです。

※14 家賃20万円の居抜き物件に、プラス300万円をかけて2号店を移転させました。

※15 役員貸付も2000万円を超えていました。

※14

ここでの正解は2号店を素直にたたんで、1号店と統合することでした。そうすれば、2号店に残存する減価償却も手に入り、繰越欠損が出せるため、減税が見込める上に固定費が半分になるので、すぐさま黒字サロンに転換できたはずでした。周りの目とプライドが邪魔をしたんでしょうね……。

※15

ここでの状況は、これまでのエピソードとは少し違い、(以前) 雇っていた税理士のミスによるものだったということです。このサロンは、「倒産防止共済」や会社で掛ける各種保険を個人の出費と勘違い、もしくは入力ミスか何かで、「役員貸付」にしてしまっていました。実は税理士側のこの手のミスは、珍しくありません。なぜなら入力処理の担当は税理士ではなく、ただのパートの事務員で、なおかつ税理士のチェックミスが重なることも多々あるからです。予防策としては、ちゃんとした税理士を選び、月に一度は必ず、自分で自社の試算表に目を通すことです。

※16

昭和のヒット曲です。

※17

答えは単純で「辞める理由がないから」もしくは、「割に合っているから」です。労働環境を整えて労働条件を他のサロンより格段に高く設定し、スタッフとの穏やかなコミュニケーションに努め、初めから独立願望がなく、終身雇用を希望するスタッフを採用すればよいだけです。

※16『昭和枯れすすき』

※17 10年近く、スタッフが誰も辞めていませんでした。

※18 年商は2000万円減りましたが、突然現預金が増え始めました。

※19 住んでいたマンションを売却して、会社名義でマンションを借りました。

※20 資本金を100万円から1000万円に、個人の預金を入れて増資しました。するとなぜか、銀行の担当者が下手に出るようになり、借入金利が下がりました。

※18

2号店を閉めることで、余っていた減価償却、つまり「特別欠損」が発生したおかげでその年の税金が格段に減りました。なおかつ「固定費」が半分になったので、当然利益は爆上がりです。

※19

条件にもよりますが、「法人」で事務所兼寮として借りると、費用の約半分を経費計上できます。また、消費税の減額にも役立ちます。

※20

要は資本金を増資することで「債務超過」のリスクが減り、また、現預金が増えたことで銀行側からの信用が格段に上がったのです。

※21 会社の経営理念をなくしました。するとなぜか、オーナー自身が「目的とゴール」を考えるようになりました。

※21

「経営理念」を掲げるということは、それ自体がその会社に「ない」ということです。つまり、まだ手に入っていないのです。僕の周りで、荒稼ぎしている先輩たちや友人たちで、経営理念を掲げている人はゼロです。逆に、じり貧のサロンに限って社員が誰も覚えていない、たいそう立派な経営理念を掲げていることが多い気がします。大切なのは、常に自分の中で、「何のためにやるのか（目的とゴール）」を考えることと、「振り返り」を行い、行動に移すくせを身に付けることです。

※22 サロンの年間計画（中長期計画）を立てるのをやめました。

※23 顧問税理士を変え、新たに社労士も雇いました。するとなぜか、役員貸付の2000万円を消すことができました。

※22

これも先ほどの話と同じで、僕の周りでうまくいっている人を見たことがないです。そんなものに縛られているから、世の中の変化に乗り遅れ、新たなビジネス案件を取り逃がしてしまうのです。PDCAサイクルを使っているのは日本人のサラリーマンと貧乏経営者だけだそうです。イケてる経営者は、常にDo→Check（即行動→振り返り）のみです。机上の理論にとらわれないようにしましょう。

※23

アウトソース先のブレーンは必ず「一流」を選んでください。でないと一流の会社はつくれません。ただし、よく、三流の相手先を捕まえて文句ばっかり言っているサロンオーナーを見かけますが、それは相手が三流なのではなくサロンオーナー自身が三流ということです。類友です。よーく考えましょう。

週休二日

※24 助成金をもらいながらスタッフの賃金を1・5倍に上げ、完全週休2日制にしました。するとなぜか、スタッフがピタッと辞めなくなりました。

※25 サロン内での割引キャンペーンと季節ごとのイベントをやめ、

※26 営業時間外の会議と練習も全てやめました。するとなぜか、お客さまのリピート率が上がりました。

※24

継続的に国から助成金や補助金をもらうには、健全な会社にする必要があります。その最優先課題は、労働条件と労働環境の改善です。それらを実現するためにも、客単価の引き上げはもとより、経営数字の勉強は必須であることに気付いてもらえたらと思います。

※25

こんなこと、お客さまは全く興味がありません。これらは、数字を理解しておらず、なおかつパリピなオーナーのエゴでしかなく、スタッフにただただ負担を掛けていることが少なくありません。

※26

営業時間外の会議や練習の強要を全てやめてみてください。すると「心理的安全性」が手に入り、必然的にスタッフの意識がお客さまに向きます。ただし、サロン内の人間関係が抜群に良いことが前提です。

※27 スタッフに対して全ての指示や指導を「お願いと相談」に変えました。

※28 オーナーはスタッフに対して怒るのをやめ、御礼だけ言うようにしました。

※29 都心の新築高級マンションに引っ越し

※27

スタッフに対して、指示ではなく「お願いと相談」をすると、スタッフ自身が自分で考えて行動するようになります。常に「目的とゴールの共有」は必要になりますが、これに慣れるとオーナーの仕事は格段に減ります。気を付けることは、「目的とゴール」はこちらが決めて、「プロセス」は相手に任せるのが基本です。

※28

人は、否定されると心に抵抗が生まれますが、承認されると心に「内省」が生まれます。要は、褒められる（承認される）とさらに褒められたいので、より頑張るようになります。人は「承認欲求の生き物」だということを理解しましょう。

※29

自分の住まいは、事務所兼自宅（寮）として、家賃の半分を寮費として計上すれば経費になります。つまり

※30 太陽光発電所（メガソーラー）を建設し、売電収入（不労所得）を手に入れています。

※30

節税になります。逆に会社で買ったとしても「資産」になり、消費税はもとより、全ての税金や金利が経費化できます。つまり、借りるにしても買うにしても、法人名義の方が税制上かなり有利です。

要は老後に備えた資産形成です。仮に年間利回りが10%以上あれば、20年で投資した金額の2倍以上のお金が手に入るということになります。なおかつ、減価償却も手に入るので、莫大な節税になります。人生１００年時代になり、いつまでも現役で働けるわけではありません。稼ぐことも重要ですが、お金が増えるお金の使い方も学ぶ必要があると思います。

※31 海外の不動産も手に入れ、

※32 自身の経験と結果をもとに経営コンサルタント事業

※31

ハワイをはじめ、シンガポールやマレーシア、オーストラリアやインドネシアのバリ島など、海外のリゾート地は、ある一定の条件でリタイアメントビザ（居住権）を取得できます。この夫婦は、当面は賃貸不動産ビジネス用として、将来は自身の老後のリゾートライフ用として購入しました。これもいわゆる資産形成の一つです。

※32

要は、自身の経験をアウトプットしてお金に変えたのです。多角化経営の一つとして成功した事例です。

1店舗で売上を最大化しよう

借入金の返済が終われば、キャッシュが増える(利益が出る)ゴールデンタイムです。2号店の出店や移転拡張を考える前に、例えばスタッフを増やすなどしてシフト制にし、営業時間を延ばしたり、定休日を減らしたりして、1店舗で売上を最大化する工夫をしましょう。

減価償却費を経費計上
＝キャッシュは内部留保

利益縮小＝節税

(例)定休週1日から、年中無休にした場合
・営業日数は年間50日増加
・家賃はそのまま
・人件費は微増
→ 1日当たりの売上が10万円なら、
営業利益は年間400万円アップ!

ひと昔前の基準では、例えばセット面が5面、シャンプー台が2台の店舗なら、最大7人までが働けるという計算が成立していましたが、今の基準で言えば12人までOKです。理由は、週休2日制にできるから。平日に交代で休んでもらえば、労働環境も整います。年間で最低5日間の有給休暇取得も義務化されていますので、“そこに鏡がある”ならば、ぜひ最大限に活用してください。
また、シフト制が特に有効なのは、スタッフ間、もしくは客層にジェネレーションギャップがある場合。例えば、店長のお客さまは午前中、若手のお客さまは夕方以降に固まりやすい……などの傾向があるなら、スタッフもお客さまもうれしい、シフト制がおすすめです。

《まとめ》変わることを恐れてはいけません

今回のポイントは、それまでのやり方と考え方を捨てた上で、今あるリソース（資源）を生かして新たな戦略と戦術を身に付けたところです。そのためには、良質な情報と知識、そして良質な仲間が必要になります。今一度、自分の周りを俯瞰して、「自分が身を置く場所（人間関係、環境など）」を見直し、それに見合う（相手にしてもらえる）自分になる努力をされることをおすすめします。

●経営理念は要らない

また、今回の勝因の一つに、目的とゴール（経営理念と経営目標）をガラッと変えたことが挙げられます。店舗数やスタッフ数の多さなど、美容業界で評価されがちな部分を一切放棄し、純粋に利益を追求した結果、スタッフの労働条件と労働環境が整い、オーナー自らの収入と時間が手に入りました。要は〝古い経営理念〟を捨てたのです。

ひと昔前（美容業界に社会保険の加入義務がなく、時間外労働が当たり前の時代）なら店舗展開も比較的容易にできましたが、令和に入り、業界を取り巻く状況は大きく変わりました。僕の先輩からの受け売りですが、社長業とは「変化対応業」だと思っています。

従来から存在する〝美容室オーナーの成功のかたち〟という固定観念から脱却して、オーナーとスタッフが本当に望む未来のかたちをサロンの理念に掲げてもらえたらと思います。

新人オーナー、なぜかうまくいくの巻

その女性は、関西のとある大都市に、4店舗を展開している美容室に勤務していました。役職はマネジャーというポジションで、現場と教育を管理しながらも、自ら[※1]200万円プレーヤーとして多忙な日々を送っていました。

ある日、40代で独身のその彼女は、自分の今後の人生を考え、独立を決意します。勤めているサロンのオーナーと話し合いの末、[※2]顧客カルテを持ち出さないことと、辞めるまで自ら顧客に声を掛けないことを条件に、19年間勤めた美容室を円満退社しました。

まず、彼女は、[※3]同じ女性で大成功しているサロンオーナーの先輩に相談して、たくさんのアドバイスをもらい、[※4]何人かのブレーンを紹介してもらいました。そして先輩の教え通りに物事を進めていきました。

2カ月後、彼女のサロンはめでたくオープンしました。

そのサロンは、以前勤めていた美容室とは一駅離れた場所、[※5]直線距離で2キロの地点につくりました。店舗面積は、[※6]いずれスタッフが増えてもいいように24坪のテナントを選びました。家賃は16万円でした。

集客は、まずは集客サイト[※7]を使い、一番安いプランにして、自分の名前を前面に出しました。するとなぜか、以前の美容室のお客さまが彼女を見つけてくれ、たくさん来てくれました。

次に、自分のサロンの半径2キロ以内にあるお店と民家にお菓子[※8]を持ってあいさつに回りました。するとなぜか、何人かのお客さまが来てくれると同時に、地域の方がみんな知っている有名店になりました。

サロンメニューは、カット料金[※9]を、以前勤めていた美容室よりも2000円高い7000円に設定し、他のメニューもプラス2000円以上高くしました。するとなぜか、紹介とリピーターが増え、サロンに価値を感じてくれるお客さまが増えました。

彼女は、特別なメニュー[※10]は一切置かず、カット、カラー、パーマ、トリートメントの技術とサービスにとことんこだわりました。するとなぜか、お店の利益が増えました。

そして、キャンペーン[※11]は一切しないことにしました。するとなぜか、年間を通して客数の変動がなくなりました。

営業でのアシスタント[※12]は、まずは自分の母親にお願いをして、お給料を払い、雑用を手伝ってもらいました。するとなぜか、財務知識が少しずつ身に付き、サロンのオペレーションも整いました。

サロンをオープンして3年がたちました。
母親に毎日数時間アシストしてもらいながら、今も2人で営業しています。
平均客単価は1万５０００円を超えました。
年商は２０００万円を超えました。
年間営業利益は６００万円を超えました。

自分のサロンを軌道に乗せることができた彼女は、次の目標として新卒の採用と法人化[※13]を考え始めました。

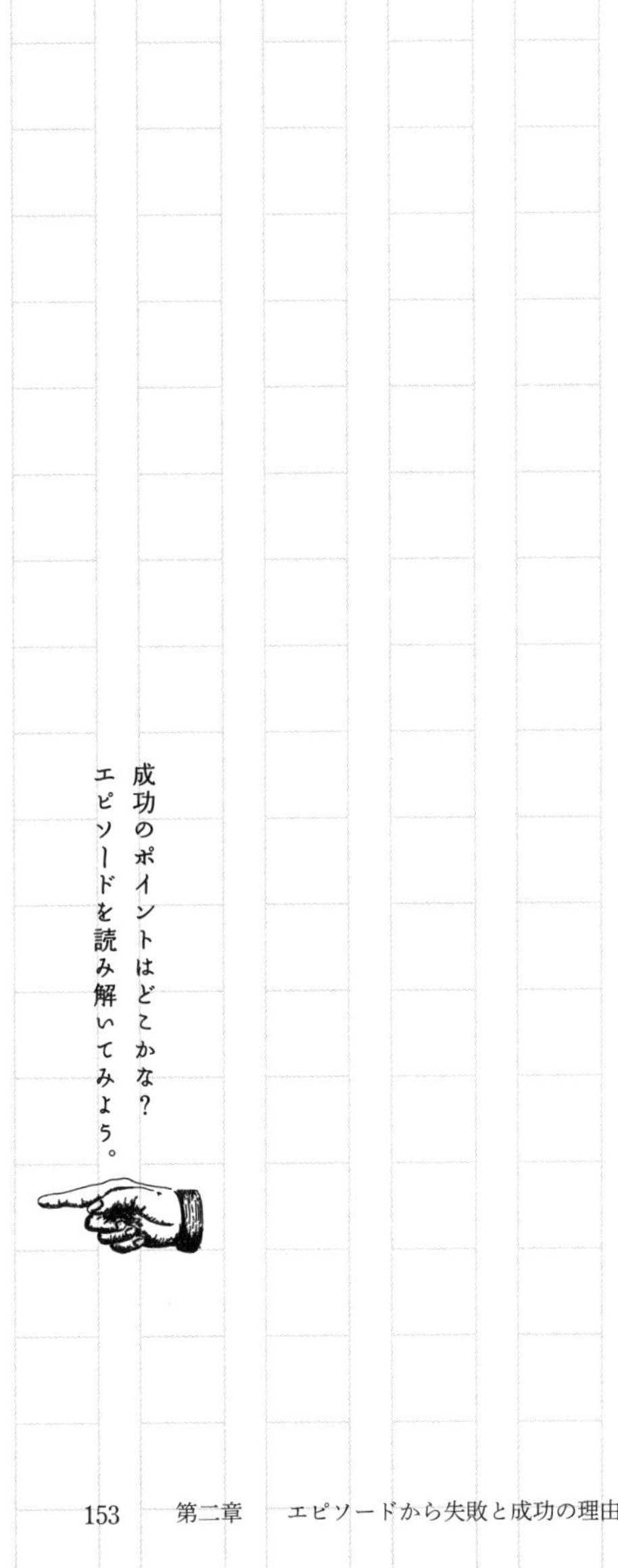

成功のポイントはどこかな？
エピソードを読み解いてみよう。

【エピソード】

※１　２００万円プレーヤー

実力派

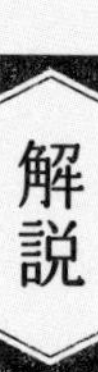

※1

ある美容雑誌の統計によると、ひと月当たり２００人のお客さまを担当しているスタイリストは全体の２％を切るそうです。全国の平均客単価は約６０００円前後なので、月に１２０万円を超えるスタイリストは２％しかいないということになります。そして、ある統計によると、美容室を含めた全企業体で、起業後10年の生存率は、約７％だそうです。つまり、実力が足りないスタイリストがお店を出すのは、とても危険だということです。

彼女はひと月に２００人ではなく、「ひと月２００万円」を売り上げていたわけです。このくらいの実力があって初めて、サロンオーナーとして独り立ちできるものであることを理解しましょう。

※2 顧客カルテを持ち出さない

※3 同じ女性で大成功しているサロンオーナーの先輩に相談

※2

ここで理解してもらいたいのは、カルテを持ち出すと、前の美容室から訴えられるのと同時に、カルテの顧客からも訴えられる恐れがあるということです。

※3

これまで何度もお伝えしていますが、「同じ女性で大成功しているサロンオーナーの先輩」とは、同じ女性で莫大な利益をたたき出しているサロンオーナーの先輩です。売上（年商とか生産性）ではなく、純利益（純資産）を上げている人がビジネスでは本物です。ちゃんと確かめましょう。

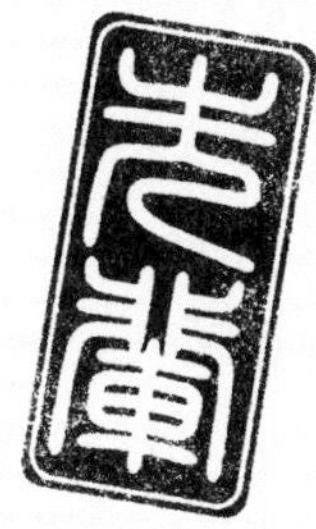

※4　何人かのブレーンを紹介

※5　直線距離で2キロの地点

※4

ここで言う何人かのブレーンとは、自分のサロンを経営していく上での協力者（財務や労務のアウトソース先）を言います。つまり、税理士、社労士、弁護士、司法書士などを指します。営業での協力者は主にディーラーがメインですが、経営面での協力者は彼らになります。その彼らとのつながりを持っていないがために、発展していかなかったり、倒産したりするケースが意外に少なくないのです。

※5

今までの自分自身が持っていた顧客を失いたくなければ、商圏エリアを変えないのが当然ベストです。お店の顧客を奪うのは不謹慎だと言われるオーナーの方も少なくないですが、「全てのお客さまは、サロンではなく、スタイリストにつく」という前提でスタイリストを雇うべきだと僕は思っています。顧客目線で見ても、その考え方の方が親切な感じがします。そして、むしろそれらを想定できているからこそ、社員の労働

※6　いずれスタッフが増えてもいいように24坪のテナントを選びました。家賃は16万円

条件と労働環境の改善に日々取り組んで離職率を下げつつ、社員を頼りにしながらも、「当てにしない」経営に取り組んで行けるのだと思います。

※6

ここでのポイントは、長期的にこの店舗で営業していく準備が初めからできているかということです。店舗面積が24坪だと、セット面は5〜6面がゆったり取れるスペースです。鏡1枚当たり最低でも50万円以上は売り上げられるので、250万〜400万円の売上が余裕を持って稼ぎ出せる広さだと言えます。そして家賃は16万円。家賃比率は10％以下が理想なので、160万円以上の売上があれば安定した経営が可能です。今回、彼女は2人営業でのスタートとなったため、余裕とまではいきませんが、将来、場所を変えることなく、お店を発展させていくには、ベターな選択といえます。

※7 集客サイトを使い、一番安いプランにして、自分の名前を前面に出しました。

※8 お菓子を持ってあいさつに回りました。

※9 カット料金を、以前勤めていた美容室よりも2000円高い7000円に設定し、他の

※7

たとえ一番安いプランでも、自分の名前とサロン名を集客サイトに載せておけば、ネット検索でほぼ確実にヒットします。よく、ＳＮＳをさんざんやっているのに、自分の名前を隠したがるスタイリストの方がいらっしゃいますが、正直意味が分かりません。

※8

これって、ＳＮＳがなかった時代は、みんなやっていたんですけどねー。その結果、地域の方々と仲良くなって普通にお店が認知されるのですが、これをせずに「地域一番店になってやるー」って言っている人、意味が分からないです。

※9

仮に、単価が１０００円上がるだけで、客層はかなり変わります。言い方を変えると、単価が高くなるほど、質の悪いクレームが減り、客層は格段に良くなり

メニューもプラス2000円以上高くしました。するとなぜか、紹介とリピーターが増え、サロンに価値を感じてくれるお客さまが増えました。

ます。今回客単価を2000円上げたことで、価格に引き寄せられたお客さまよりも、サロンとスタイリストに価値を感じてくれるお客さまが増えたということです。

挨拶回り

※10 特別なメニューは一切置かず、カット、カラー、パーマ、トリートメントの技術とサービスにとことんこだわりました。するとなぜか、お店の利益が増えました。

※10

10代から20代をターゲットにしたサロンや、ストリート系などのサロンを除き、一般的な大人サロン（30代以上がターゲット）において、実は利益を出しているサロンのほとんどが特殊な器機や商材を必要とするメニューに重きを置いてないのが実状です。理由は2つ。

1つ目は、特別なメニューは、なんせ不良在庫がたまりやすいのと、そうしたメニューで使う器具や機械は、買った金額に対して元が取れていないことがほとんどだからです。新製品には、簡単に飛びつかないようにしましょう。

2つ目は、そもそも、ほとんどのお客さまがそのメニューを望んでいないことが多いためです。たった数人のお客さまの要望を満たすために高い器具や材料を仕入れるのは、結果的に経営を圧迫しかねないので、しっかりと考えましょう。

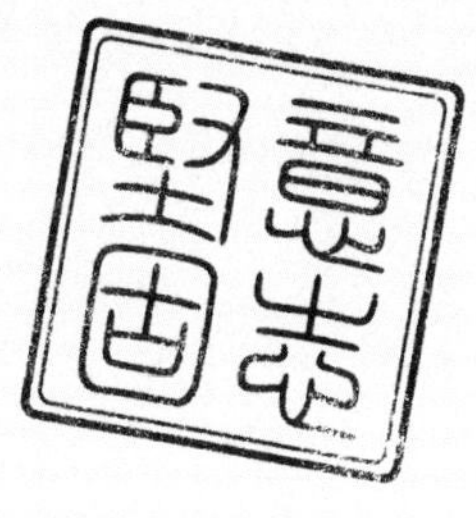

※11 キャンペーンは一切しない

※11

そもそも一般の美容室が実施するキャンペーンの目的は、客数が少ない月に、お得なメニューを売って、売上の確保を図るのが主な目的だと思うのですが、よく考えてください。安くすると利益が減ります。一度でも安く買うと、お客さまは二度と通常の金額では買いたくありません。キャンペーンを打つ前に、どうすれば既存客が増えるかに焦点を当てて努力した方が、よっぽど建設的で効果が期待できます。エルメ○やヴィ○ンがセールをするでしょうか？　自分が努力してつくり上げてきた、「自分のブランドの価値」を下げる行為は自分自身が一番嫌なはずです。

親兄弟

※12 アシスタントは、まずは自分の母親にお願いをして、お給料を払い、雑用を手伝ってもらいました。するとなぜか、財務知識が少しずつ身に付き、サロンのオペレーションも整いました。

※12

初めての独立でオープニングスタッフを雇うのは、かなり慎重になる必要があります。理由は簡単で、オーナー自身が「自身のお店の損益分岐点売上」を把握していない可能性が高いからです。

ひと昔前までは、社会保険はおろか、雇用保険も入る必要がなく、最低賃金も安かったので、スタッフ１人当たりの生産性が40万円あれば赤字は出ないといわれていました。ですが、最低賃金も上がり、社会保険の加入が一般化した現在では、スタッフ１人当たり生産性は最低60万円以上ないと利益が出ないのが現状です。まずは母親を雇用してみたのはかなりナイスです。ある程度、お金の動きを肌で感じながら、身内などの協力を得て自身が描くオペレーションを経験し、経営の全体像をつかんだ上で次のステップへ進むのはすごくおすすめです。

※13

法人化の目安は、年間営業利益が６００万円～８００万円を超えてきたら考え時です。資本金は最低３００万円以上にしましょう。よく、資本金１００万円程度の法人サロンを目にしますが、資本金１００万円ということは、１００万円以上の赤字が出ると「債務超過」になります。すると銀行からは「ゾンビ企業」つまり倒産予備軍のレッテルを貼られます。要は１００万円程度の資本金の会社は、ただの消費税逃れの会社に見られ、世間の企業や銀行などは誰も相手にしてくれません。それよりは、まだ個人事業主のままの方が、世間からの評価は良いのです。

自店の「損益分岐点」を把握しよう

◎ 損益分岐点とは？

売上と、その売上を得るためにかかった費用が等しい状態のこと。売上よりも費用が多ければ赤字となり、費用よりも売上が多ければ黒字となります。

売上 ＝ 費用 → 損益分岐点（トントン）

売上 < 費用 → 赤字

売上 > 費用 → 黒字

つまり、「損益分岐点売上」とは、赤字にならないために最低限、必要な売上高のこと。実際の売上が損益分岐点売上を下回る場合は、早急に改善する必要があります。

【売上と費用の関係】

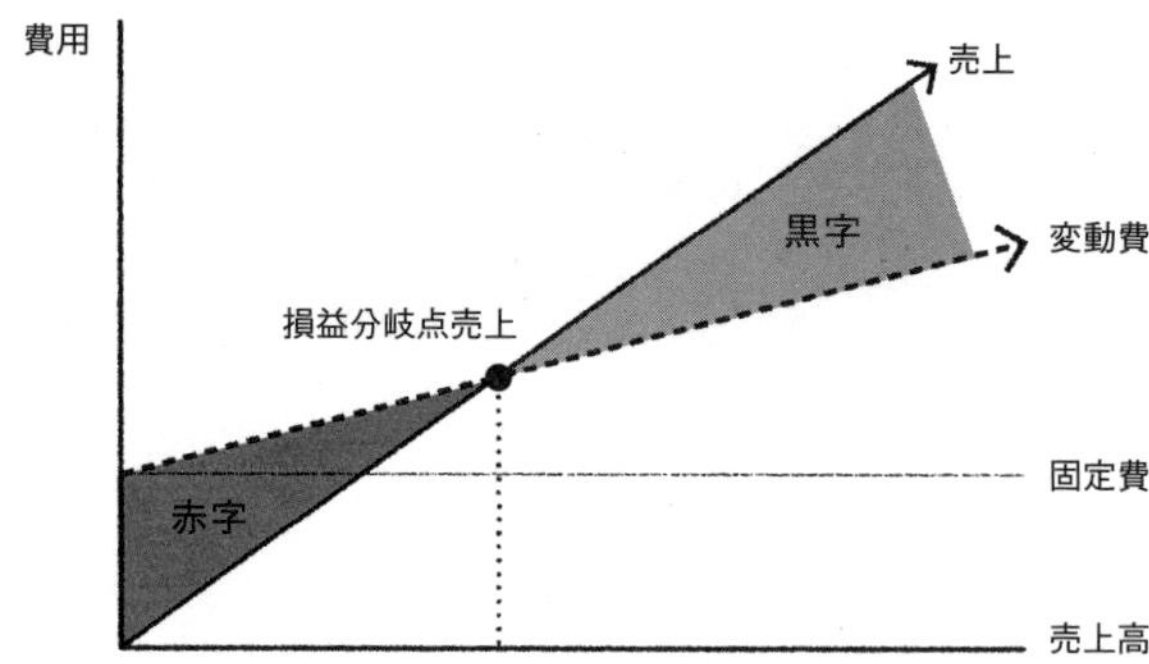

損益分岐点売上は、「固定費」と「変動比率」によって求めることができます。

損益分岐点売上＝固定費÷(1－変動比率)

変動比率＝変動費÷売上

例えば、1カ月当たりの売上が100万円、固定費が50万円、変動費が20万円の場合なら…

- 変動比率＝20万円÷100万円＝0.2(20%)
- 損益分岐点売上＝50万円÷(1－0.2)＝62万5,000円

つまり、このサロンの損益分岐点売上は62万5,000円。
これを下回れば赤字となり、上回れば黒字となります。

売上<62万5,000円の場合

売上 | 変動費 | 固定費

↑赤字

売上＝62万5,000円の場合

売上 | 変動費 | 固定費

↑トントン

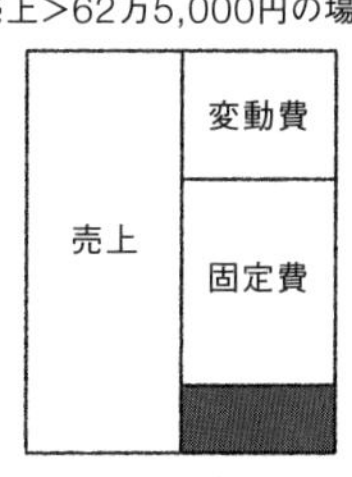

変動費
材料の仕入れ費用やスタッフ給与(歩合の部分)など、売上に比例して金額が変わる費用

固定費
家賃やスタッフ給与(固定給の部分)など、売上にかかわらず、固定でかかる費用

《まとめ》　身の丈に合った経営が、失敗しない秘訣

今回の注目点は、「スタートの切り方が良かった」ことです。
まず、最初から1000人以上の顧客を持っていたこと。また、サロンをオープンするにあたり、予算と経費を最小限に抑えたこと。そして、ある程度余裕のある規模としたため、将来移転をすることなく、サロンを発展させられる。つまり、新たな出店費用をかけず、現金を残せること。この3つが最大の勝因だったと思います。

逆に、うまくいかないサロンの共通点は、スタートがまずいことです。

①そもそも顧客が少ない（持っていない）。
②サロンをオープンする際、予算と経費をかけ過ぎ。
③お店が小さすぎて発展のしようがなかったり、逆に大きすぎて固定費が高かったり、場所がめちゃくちゃ辺鄙（へんぴ）（目指すターゲットが全くいない場所）だったり……。

まさに真逆のパターンです。

失敗しないためには、サロンの「損益分岐」をしっかりと理解&把握し、無理をしない経営をすることです。見えを張らず、欲望に負けず、市場調査もせず適当な場所に「適当」にお店を出すことがないよう、目的とゴールをしっかり持って進んでいただけたらと思います。

1店舗にして持ち直すの巻

ある日、僕のところに、１人の美容室経営者からコンサルティングの依頼が来ました。

彼は街の中心部から少し離れた場所に、40坪ほどのおしゃれなカフェ風のサロンを２軒と、もう少し駅寄りに、一戸建ての小さなサロンの計３店舗を経営していました。

[※1]純売上高は１億２０００万円以上。30人のスタッフが在籍し、地元や美容業界ではかなりの有名店。そんな同業者憧れの彼が、僕に決算書と試算表一式を差し出し、うつむき加減に話し始めたのです。

まず、[※2]年間の変動費（材料費）の平均が25％以上もありました。そして[※3]営業利益が１３００万円の赤字、長期借入金は６０００万円を超えていました。

話を聞いていると、いろんなことが見えてきました。

１店舗目は瞬く間に年商７０００万円を超え、その勢いのまま近隣に同じサイズの２

店舗目を出したところ、売上が分散され、2店舗で7000万円になってしまったこと。そして、さらにスタッフが増え、年商1億2000万円を超えたところで3店舗目を出したものの、初月から赤字続き。そして極め付きは、1000万円を超える不良在庫の山でした。

スタッフ間の内情はというと、サロンを統括していたトップスタイリストのパワハラがひどく、また、何人もの女性スタッフと関係を持っていて、社内の人間関係はめちゃくちゃでした。オーナー自身も、ストレスからたびたびスタッフにつらく当たってしまう状況が続いていました。

また、オーナーの決断力のなさから対策が後手に回って年間赤字は2400万円に膨らみ、合計4000万円近くの累積赤字を出してしまいました。この会社の資本金は300万円だったので、債務超過は3500万円を超えていました。

僕にコンサルティングの依頼が来たのは、この時期です。

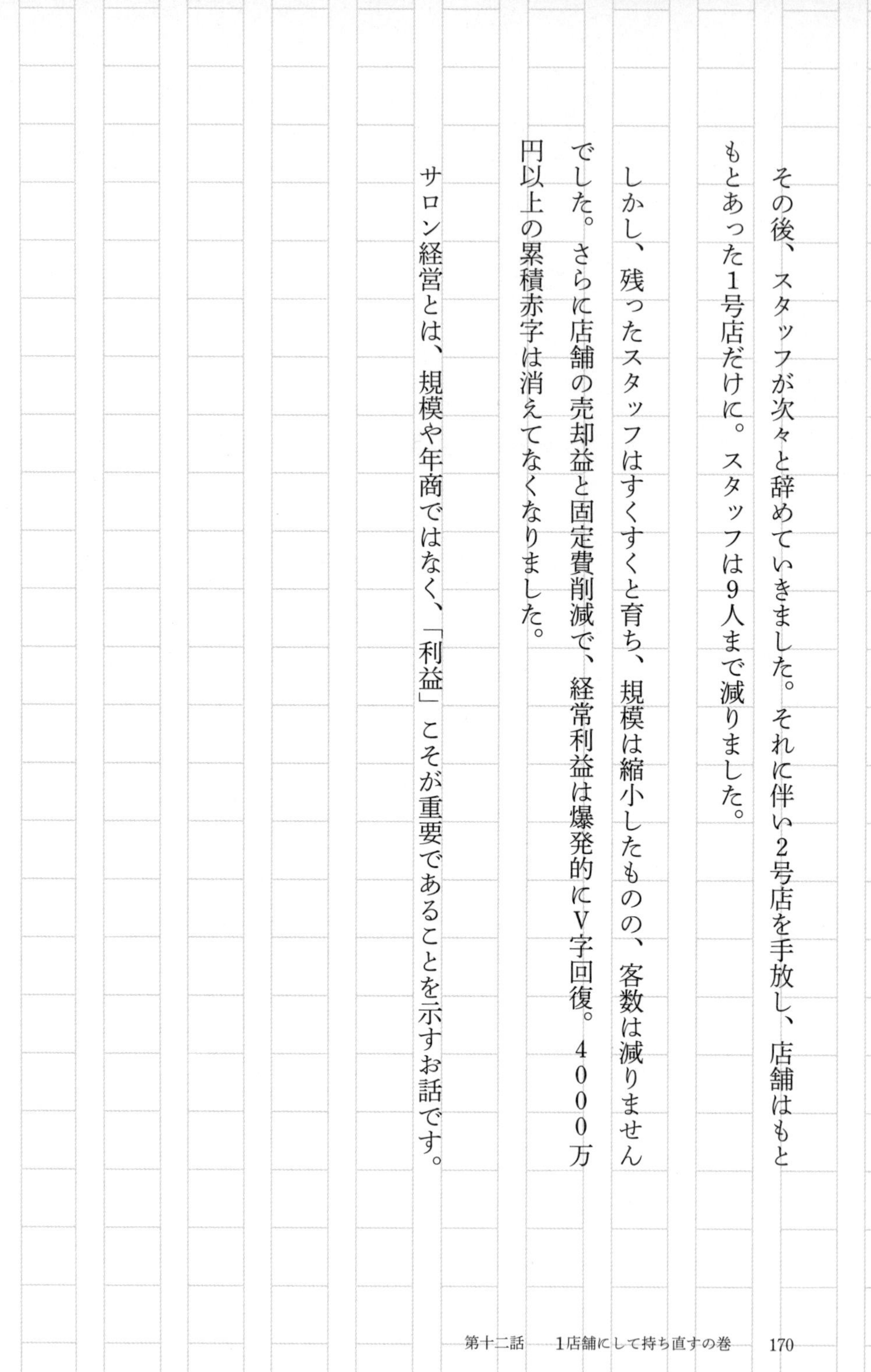

その後、スタッフが次々と辞めていきました。それに伴い2号店を手放し、店舗はもともとあった1号店だけに。スタッフは9人まで減りました。

しかし、残ったスタッフはすくすくと育ち、規模は縮小したものの、客数は減りませんでした。さらに店舗の売却益と固定費削減で、経常利益は爆発的にV字回復。4000万円以上の累積赤字は消えてなくなりました。

サロン経営とは、規模や年商ではなく、「利益」こそが重要であることを示すお話です。

失敗のポイントはどこかな？
エピソードを読み解いてみよう。

【エピソード】

※1 純売上高は1億2000万円以上。30人のスタッフが在籍

※2 年間の変動費（材料費）の平均が25％以上

【解説】

※1

この売上に対してこのスタッフ数だと、月当たりの生産性は33万円しかありません。社会保険未加入のサロンですら生産性40万円を切ると赤字なのです。数字の大きさに惑わされてはいけません。

※2

店販を除く変動費（材料費）は、売上に対して10％未満が適正ですので、25％のうちオーバーしている15％を年商から金額換算すると、１８００万円になります。つまり、課税対象が１８００万円分増えることになるわけです。

この材料費の適正値は美容業特有の比率なので、よほど業界に精通している親身な税理士を付けていない限り、誰も指摘してくれません。自分自身で常にチェックする習慣を付けましょう。

※3 営業利益が1300万円の赤字

※3

このサロンの資本金は300万円でしたので、1000万円の債務超過ということになります。いわゆる「倒産予備軍」として金融機関に見られますので、融資が非常に受けにくくなります。つまり〝輸血〟ができないわけです。

※4　3店舗目を出した

※5　1000万円を超える不良在庫の山でした。

※6　トップスタイリストのパワハラがひどく、また、何人もの女性スタッフと関係を持っていて、社内の人間関係はめちゃくちゃ

※4

「店舗が増えるともうかる！」と思っている経営者が非常に多い気がしますが、大間違いです。店舗が増えたら、売上が伸びる反面、固定費は倍になります。いかに固定費を抑えて、売上よりも「利益」を出していくか……。よーく考えましょう。

※5

返品するか売り切りましょう。そうすれば最低1000万円が手に入ります。

※6

これ、非常に多いケースです。管理職に就ける人を、個人売上の高さや、オーナーとの関係性の良さだけで決めるからこうなります。部下は自分の鏡です。自分の行いをよーく見つめ直しましょう。

不良在庫

※7 債務超過は3500万円を超えていました。

※7

このサロンは、もうけたお金をちゃんとためていました。実に4000万円近くの貯蓄があったのです。だからこの状況でも生き長らえることができました。ちょっともうかると、すぐ車や時計、ゴルフや旅行など、消費・浪費に走るプレイングオーナーが非常に多い。PL経営ではなく、BS経営ができる経営者が本物です。

1店舗で成功できるサロン(経営者)の共通点

ロジック面

- □ 独立前のオーナー個人の指名技術売上が月150万円以上あること
- □ 店舗家賃がひと月の総技術売上に対して10%以下であること
- □ セット面数が「家賃(駐車場代込み)×10÷50万円」以上あること
  ex. 20万円×10÷50万円＝4面
- □ 店舗工事などの総初期費用が技術売上の5カ月分以内であること
- □ 初回の金融機関からの借入の返済期間が5年以内に設定されていること
- □ 個人での開業〜法人成りの4年間(消費税免除期間)に無駄遣いをせず預金を増やせていること(最低1000万円を貯蓄)
- □ 店販を除く材料費が売上に対して10%以内であること
- □ 広告宣伝費が売上に対して5%以内であること
- □ 社長給与が総技術売上に対して15%以内であること
- □ 労働分配率が40%以内であること
- □ 節税はしても、脱税はしないこと

⑧ 社長とスタッフとのコミュニケーションの見直しと、社長の行動と発言の改善
⑨ 客単価の見直し(客単価1,000円UP)と顧客対応の見直し
⑩ 会社の行事の撤廃(休日を使った入社式や合宿)やそれに伴う仕組みの見直し
⑪ 助成金が受けられるように、給与形態や労働条件、就労規則を変更し、合計1200万円の受給に成功

マインド面

- □ 経営の目的とゴールを明確にしていること
- □ 見えを張らないこと
- □ 利益をきちんと出している成功者の先輩(助言者)を持つこと
- □ 迷ったときは成功者の助言に従うこと
- □ 広告に依存した集客をしないこと
- □ PL(損益計算書)とBS(貸借対照表)をちゃんと理解すること
- □ 家族と社員とお客さまに、平等に接すること
- □ 失敗したら必ず振り返りをして、自分の問題と捉えること
- □ お金もうけを「悪」と捉えないこと
- □ ちゃんとした税理士を雇うこと
- □ 自分中心ではなく、他人の目線で物事を考える努力をすること

参考/今回のサロンの立て直しの履歴

① 第一に1000万円以上ある在庫の整理と店販・材料費の見直し
② 3号店の閉鎖と売却
③ サービス残業の廃止と完全週休2日制の導入
④ 店舗休業日の撤廃
⑤ 役員報酬の50%削減
⑥ 社長のみでの深夜営業の導入
⑦ 2号店の閉鎖と売却

《まとめ》1店舗経営に徹すれば、美容室はまずつぶれない

何度もお伝えしているように、現在、多店舗展開しているサロンで、利益を出し続けているケースはほんのひと握りです。人件費の高騰と社会保険の義務化により、美容室経営のみに徹した店舗展開やFC展開で利益を出すことは非常に困難なのです。

しかし、1店舗経営は全く別です。固定費が圧倒的に低いからというのはもちろんのこと、やはり「経営とは経営者の意識次第」であるがゆえに、その経営者の意識が最も行きわたりやすいのが1店舗経営だから。オーナー自身が働いているその店、その現場は、おのずと質が高まるものです。逆に言うと、もし多店舗展開でオーナーより意識が高く、オーナー不在の店舗で大きな売上を上げている店長がいるならば……その店長は独立予備軍です（笑）。

「たくさんの仲間が欲しい」という理由で組織の規模を大きくしようとする経営者がよくいますが、得てして「仲間」はしょっちゅう辞め、メンバーは入れ替わっています。それって「仲間」と言えるのでしょうか？　もうからない上に「仲間」がつくれていないとしたら、その多店舗展開って、一体、何なのでしょうか？

なぜ、美容室を営んでいるのか。将来、自店をどんな形にしたいのか。もう一度原点回帰してみましょう。小さなサロンのまま、〝質的に〟発展した方が、自分も周りも幸せにできるかもしれません。声を大にして言いたい！　みんな目を覚ませ！

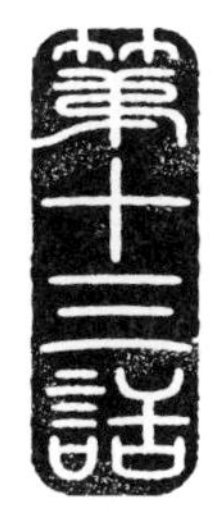

永吾の話の巻

その彼は14年間勤めた美容室を辞め、独立を決意します。37歳の時でした。

彼はまず、友人に税理士[※1]と社労士を紹介してもらい、そして税理士の紹介で借入先の銀行を見つけ、四者で出店計画を立てました。銀行からの借入は、保証協会[※2]を付けることで500万円の融資が確定しました。

そして、美容器具メーカー[※3]と美容ディーラー、そして美容室専門工務店の三者の協力の下、計画から2カ月でサロンは完成し、めでたくオープンしました。

サロンをオープンして10カ月がたちました。

この時すでに年商は5000万円を超え、営業利益は1300万円を超えていました。すぐさま税理士のアドバイスの下、小規模企業共済[※4]に入りました。さらに、資本金[※5]500万円を入れ、サロンを株式会社にして、社会保険も始めました。

そして次の年には、倒産防止共済[※6]（経営セーフティ共済）にも入りました。

オープンから4年がたちました。

[※7]消費税の免除期間が終わり、初めての消費税の支払いが来ました。[※8]年商は５０００万円を超えていたので、本課税で消費税約３５０万円と法人税を合わせて約１０００万円を支払うことになりました。彼は税金の多さに若干戸惑いましたが、社労士の協力の下、[※9]受け取った助成金はこの4年間ですでに１５００万円を超えており、一括で支払うことができました。

[※10]普段から節約していたかいもあり、税引き後の現預金も３０００万円を超えていました。

それから半年がたったころ、太陽光発電所の設置業をしている友人のすすめで[※11]太陽光発電所を２０００万円で建てることにしました。

2カ月後に発電所は完成し、その後は平均20万円の売電収入が毎月電力会社から振り込まれるようになりました。その年の決算の[※12]消費税は、約半分になりました。

また、[※13]発電所の設備の減価償却のおかげで法人税が圧縮され、さらに現預金が増えました。

その年から、彼は毎年、美容室の利益が出るたびに、美容室の2号店を出すのではなく、太陽光発電所を1〜2基ずつつくり続けました。

サロンがオープンしてから6年がたちました。

ある日、長年来店してくださっている女性のお客さまから、「叔父の所有している土地を買わないか」というお話を頂きました。その土地は、某有名ショッピングモールが建っている土地でした。[※14]

彼は顧問の司法書士と連絡を取り、地主の叔父さんと協議の末、こちらの希望価格で、なおかつ現金一括で購入しました。[※15]それからは毎月、某ショッピングモールから家賃が入るようになりました。

そのころから彼は、サロンから給与を取ることをやめ、売電収入と家賃収入から自身の給与を取るようにして、浮いたお金をスタッフの給与の増額と福利厚生に充てました。[※16]

サロンをオープンして10年がたちました。

ある日、国内外で最先端の再生医療に携わる友人から、次世代の先端医療技術「塗るワクチン」[※17]の使い道を相談されました。その技術は、あまりに最先端すぎて、多くの障壁があり医療業界では扱えなくなっていました[※18]。そこで彼は、東京と名古屋で美容室を経営している先輩に力を借りて、3人でこの技術を使った化粧品をつくることにしました[※19]。

先輩のアドバイスの下、研究所とのやりとりを重ねながら、ついに美容クリームの試作品が完成しました[※20]。次に友人は、ネット販売とサロンが注文するためのインフラシステムをつくってくれました。そして、美容師の彼の方は、この化粧品を販売するための代理店サロンを発掘し、この化粧品の製造代金の半分を出資しました[※21]。

その3カ月後、商品は完成し、取扱サロン十数店舗にて、インターネットでの曜日限定のプレ販売がスタートしました。

その美容クリームは、販売から2カ月で初回発注の5000個が完売し、取扱サロン全体で約1億3000万円を売り上げました。

サロンをオープンして12年がたちました。

現在の彼は、毎週、月曜日はセミナー業を、火曜日と水曜日はコンサルタント業を、木曜日と金曜日は休日に使い、土曜日と日曜日は自分の美容室でサロンワークをしています。

ポイントはどこかな？
エピソードを読み解いてみよう。

《エピソード》

※1　2税理士と社労士を紹介してもらい、そして税理士の紹介で借入先の銀行を見つけ、四者で出店計画を立てました。

※2　保証協会を付ける

《解説》

※1

まずサロンを出すにあたって最初に会わないといけないのは税理士と社労士と銀行です。その次に必要なのは、「本当に親身になってくれるディーラー」になります。ですが、本当に最初に会わないといけないのは、「本当に親身になってくれる、本当に成功している（利益を出している）サロンオーナー」です。ここを間違えると死にます。ちゃんと確かめましょう。

※2

もし銀行が保証人を要求してきたら、保証人は身内ではなく保証協会を使うことをおすすめします。理由は簡単で、銀行と保証協会双方からの信用格付けを上げるためです。親からの援助のみで出店をされる方が少なくないですが、これをしてしまうと銀行や保証協会との取引実績が積み上がらないので、いざ大きな資金

※3　美容器具メーカーと美容ディーラー、そして美容室専門工務店の三者の協力の下

が必要なときにどの金融機関も相手にしてくれません。言い換えれば、将来起こり得るビジネスのビッグチャンスを逃してしまうということです。

※3

美容室をつくるときに、知り合いの工務店にお願いする人が少なくないですが大間違いです。本来の流れは、メーカーとデザイナーと三者で打ち合わせをして、まとまった時点で、その地域での美容室専門の工務店を現地調達する流れになります。本来、店舗設計と部材の選定は工務店の専門ではないのです。そこを理解せずに直接工務店に依頼すると、ただの「家」みたいなサロンになりますよ（笑）。

※4　小規模企業共済

※5　資本金500万円を入れ、サロンを株式会社にして、社会保険も始めました。

※4

小規模企業の個人事業主または会社などの役員の方が事業をやめたり退職したりした場合に、生活の安定や事業の再建を図るための資金をあらかじめ準備しておく共済制度で、いわば経営者の退職金制度といえるものです。税制上のメリットもありおすすめです。

※5

自身のサロンを株式会社に法人成り（法人化）するなら、資本金は最低300万円以上にしましょう。よく資本金100万円のサロンを見かけますが、銀行からは100万円の赤字で倒産する会社と見なされます。正直、見栄えが悪く信用が得られにくいです。それと、現在、法人には社会保険加入が義務付けられていますが、実は入ることで銀行からの信用も格段に上がります。

※6 倒産防止共済（経営セーフティ共済）

※7 消費税の免除期間

※6

取引先の事業者が倒産した際に、中小企業が連鎖倒産や経営難に陥ることを防ぐための制度です。無担保・無保証で掛け金の最大10倍（上限８０００万円）まで借入ができて、掛金は損金または必要経費に算入できる税制優遇も受けられます。要は８００万円まで経費計上できて「貯金できる」ということです。

※7

一定の条件を満たせば、個人事業主で2年、法人で2年、合計4年間の消費税免除が受けられます。当時（２０１１年以前）は条件が緩かったので、簡単に免税が受けられました。

※8 年商は5000万円を超えていたので、本課税で消費税約350万円

※9 受け取った助成金はこの4年間ですでに1500万円

※10 普段から節約していたかいもあり、税引き後の現預金も3000万円

※8

美容室の場合、年商5000万円までは消費税が簡易課税（年商×0・05）でよいのですが、超える場合は本課税（受け取った消費税から支払った消費税の差額を納税）になります。

※9

厚生労働省からもらえる助成金は、毎年いろんな形式や条件で発表されます。それらをきちんと受け取るには、助成金に強い社労士を顧問につけておく必要があります。また、ブラック企業では到底受け取れないので、きちんと労働環境と労働条件を整える必要があります。

※10

美容室オーナーあるあるで、ちょっともうかると、すぐに高級車や高級時計、もしくは旅行やゴルフなど、お金（利益）を全く生まないものに使ってしまう（浪

費する）傾向があります。

お金の使い方には大きく分けて3つあります。浪費・消費・投資です。人生をより豊かにしていくためには、お金の稼ぎ方も大事ですが、それ以上に「お金の使い方」が重要です。ちゃんとしましょう。

※11　太陽光発電所

※11

俗にいうメガソーラー（正確にはメガではないですが……）というやつです。２０００万円の設備投資で、年間利回り12%、年間総売電価格は約２４０万円、20年間の総売電価格は４８００万円になります。

※12 消費税は、約半分になりました。

※13 発電所の設備の減価償却のおかげで法人税が圧縮され、さらに現預金が増えました。

※14 某有名ショッピングモールが建っている土地

※12

２０００万円の機械資産を購入したので、当然約１８０万円の消費税が内税で付いています。その消費税約１８０万円を本課税において控除できるので、その年に支払うべき消費税が１８０万円減るわけです。

※13

個人事業主での減価償却の算出方法は「定額」ですが、法人は基本的に「定率」になります。要は、法人の場合、減価償却期間の前半部分は実際の銀行支払いよりも経費となる減価償却が大きくなるので、結果、ＰＬ上の営業利益が圧縮され、税金が安くなり、現預金が増えるという現象が起きます。

※14

チェーン展開しているショッピングモールやホームセンターなどの大型店舗は、実はそのほとんどが借地で

※5　現金一括で購入

※16　売電収入と家賃収入から自身の給与を取るようにして、浮いたお金をスタッフの給与の増額と福利厚生に充てました。

営業しています。つまり地元の地権者から長期間借り受けて営業しているのです。

※15

土地を購入する場合、銀行借入での購入はおすすめしません。なぜなら、土地は経費にならないからです。土地は「資産」であり償却できません。つまり、35ページでお伝えした「1・5倍の法則」が当てはまります。また、土地は「消費」しないので消費税も取られません。まとめると、キャッシュで買うのが、一番お金がかかりません。

※16

多店舗経営と違い、売上と資産は伸びつつも、スタッフ数はそのままで、店舗などの固定費も変わらないので、結果、「利益（現金）」が残り続けます。なので、その余剰資金の一部をスタッフの給与に上乗せしたのです。

※17 医療技術「塗るワクチン」

※18 あまりに最先端すぎて、多くの障壁があり医療業界では扱えなくなっていました。

※19 3人でこの技術を使った化粧品をつくることにしました。

※17

技術名は『ディープインアクト』。有効成分の分子量と形を壊すことなく浸透させることのできる技術。皮膚に直接塗布することで、注射針を使わずに体内に浸透させ、注射や経口摂取などの直接注入と同等の効果を得ることができます。当初、主に医師の居ない被災地などでの使用を目的として開発されました。

※18

技術があまりに最先端すぎて、各役所の調整や承認に時間がかかっていること、また医療技術として正式に認可を受けるために莫大な時間と百億円近い費用がかかるなどの理由で、特許技術を抱えたまま案件がストップしていました。

※19

メンバーの間で基礎化粧品業界への進出の話は以前から出ていましたが、大手のメーカーなどは、全ての特

※20 美容クリームの試作品が完成

※21 化粧品の製造代金の半分を出資

許技術の独占を条件に挙げてくるため、ここでも話がストップしていました。そこで、全ての技術独占ではなく、その商品を美容業界のみで販売することを条件に商品化に持ち込みました。

※20

『ザ・ラインフェイスクリーム』（メディカルプルーフ）
@メディカルプルーフ検索。

※21

要は、普段から消費と浪費をせず、「投資」をするための資金をため込んでいたということです。

法人成りの目安
営業利益が600万〜800万円を超えたら検討

法人化する際、やっておくべきこと

- □ 資本金を300万円以上にする
  …銀行からの信用度を上げるため。

- □ 「定款（ていかん）」の「事業目的」に、将来やりたい事業を10個程度を目安に記載しておく（ただし、公序良俗に反しないもの）
  …本業以外の収益を「営業外収益」にしないため。定款に記されていない事業は「本業」と見なされず、金融機関からの借入ができない。

  また、事業目的が多すぎると創業融資の審査が通りにくくなるおそれもあるので、10個以上は自社の成長に伴い足していくのがおすすめ。

- □ 税理士と打ち合わせをする
  …法人成りのタイミング、資本金、定款などについて。

- □ 社労士と打ち合わせをする
  …就労規則や36（サブロク）協定、ハラスメント防止対策などについて。

- □ 法人名を考える
  …運気が良いとされる画数がいくつかあり。調べる価値はあるかも!?

個人事業主の所得税は「累進課税」のため、給与が増えれば増えるほど税率が上がり、納税額も莫大に。法人化することで、節税のメリットがある分岐点となるのが、営業利益600万～800万円を超えたタイミングです。
その他にも、法人化することで、赤字を「繰越欠損金」として一定期間引っ張ることができる（青色申告の場合）、BS（貸借対照表）を基に戦略を立てることができる……といったメリットもありますので、自社の計画に合わせて法人成りを検討してみてもよいかもしれません。

↓ ちなみに、(株)コーチプレシャスの定款は、現在こうなっています(「目的」のみ抜粋)

第2条　当会社は、次の事業を営むことを目的とする。
1　ビューティーサロン・エステティックサロンの経営
2　美容用品・美容機器及び化粧品等の企画・開発並びに販売
3　美容クリニックの紹介及び斡旋
4　教育・研修に関するコンサルタント及び人材の育成と研修事業
5　心理カウンセリング及びセミナーの開催
6　企業経営の運営・管理の経営コンサルタント業
7　太陽光による発電及び売電事業
8　不動産の売買・賃貸・管理及び仲介
9　不動産に関するコンサルティング
10　国内及び海外旅行に関する情報・資料の収集並びに企画
11　インターネットでの動画制作及び配信サービス
12　労働者派遣法に基づく労働者派遣事業
13　美術工芸品・時計宝飾品の販売及び輸出入
14　新・中古車の販売及び輸出入
15　古物営業法に基づく古物の販売業
16　飲食店の経営に関するプロデュース事業
17　前各号に附帯関連する一切の事業

《まとめ》 未来への備えは必須。詳しくは、第三章にて……

最終話は、テーマを「美容室の1店舗経営からの多角化」と、「そこから生まれた利益を生かした資産形成」に絞り込んでお伝えしました。実は、僕自身のお話です。

前半は特に、経営を進めていくためのブレーン（税理士やディーラーなど）との付き合い方と、銀行からの信用を積み上げていくための方法に重きを置いて書きました。それには大きく2つの理由があります。

1つ目は、ビジネスをうまく進めていくためには「内」ではなく「外」に協力者が必要になるからです。その道のプロに自分の仕事をアウトソースすることができたら、サロンの成長は確実にスピードアップします。ただし、何度もお伝えしていますが、自社のスタッフに対する「心の教育」だけは経営者自身がしてください。

2つ目は、銀行とは、いわば自身の会社にレバレッジ（てこの原理）をかけるための必要不可欠なパートナーだということです。仮に事業投資に2000万円が必要だとします。自社の力のみで投資しようとすれば現金2000万円が必要ですが、銀行を使えば、頭金400万円（借入金の2割）を用意するだけで、残りの1600万円は、基本的にはどこの銀行でも貸してくれます（ただし、会社がちゃんとしていればの話です)。いわば、資金の準備期間をショートカットできるわけです。

また、ビジネスは大きく次の3つに分類できます。

①体を使う(実労働、サロンワークなど……)
②頭を使う(マネジメント、インフラのIT化、商品開発など……)
③お金を回す(権利収入、家賃収入、ポートフォリオなど……)

2022年現在、100歳の人は約13万人いますが、2050年には100歳は約52万人、90歳は約400万人まで膨れ上がると予想されています。
人生100年で考えた場合、体を使う(実労働)のピークは50代といえます。頭を使う(マネジメント)は60代がピーク、頭も体も衰えてくる70代には年金+不労所得が必要不可欠になるでしょう。そのためには、稼ぐことはもとより、普段からお金の使い方を意識した人生にシフトした方がよいのではないかと思います。

第三章では、理想の未来へ近づくため、そしてサロンとスタッフ、自分を守るための「お金の使い方」についてお伝えいたします!

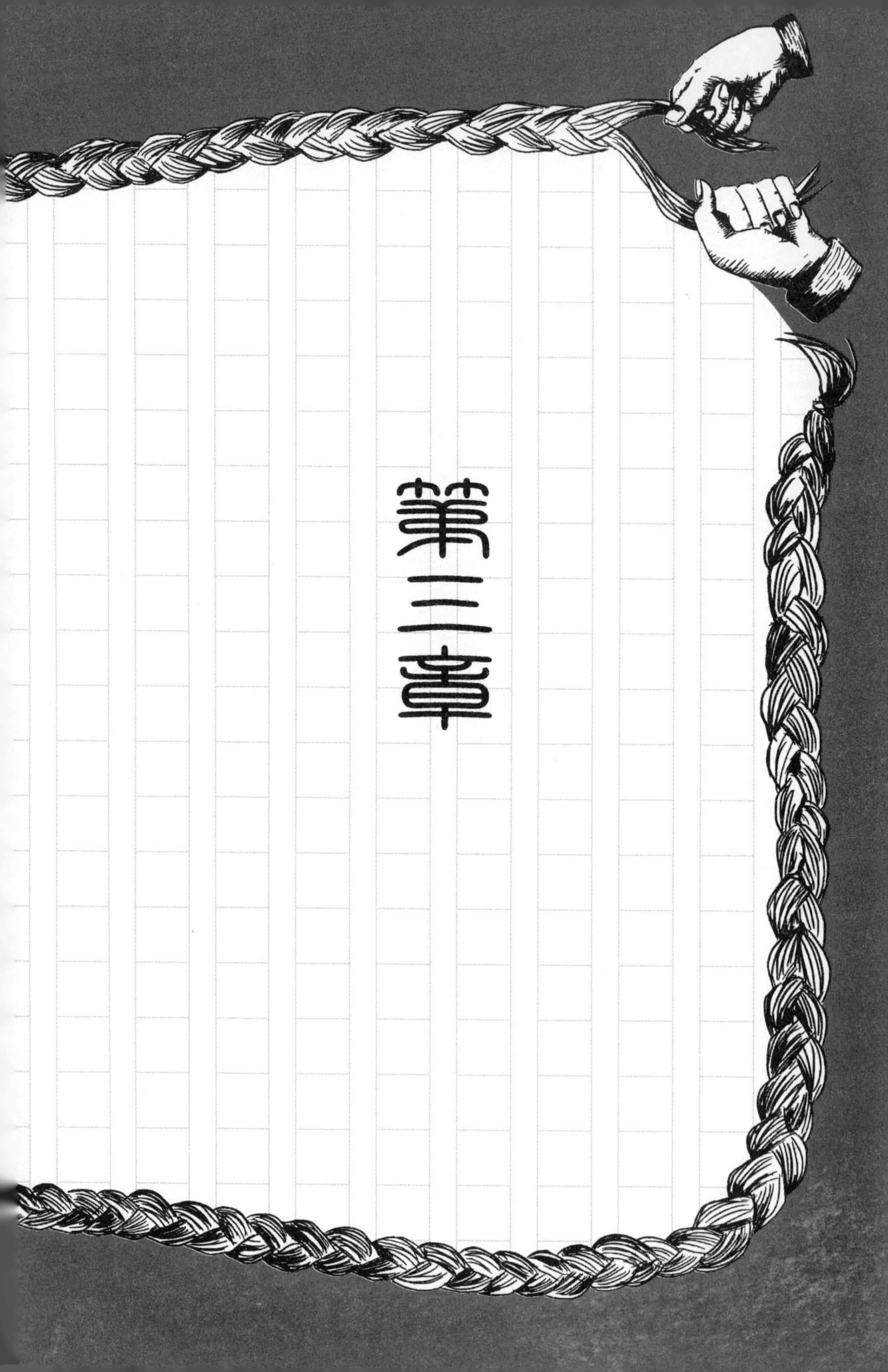

第三章

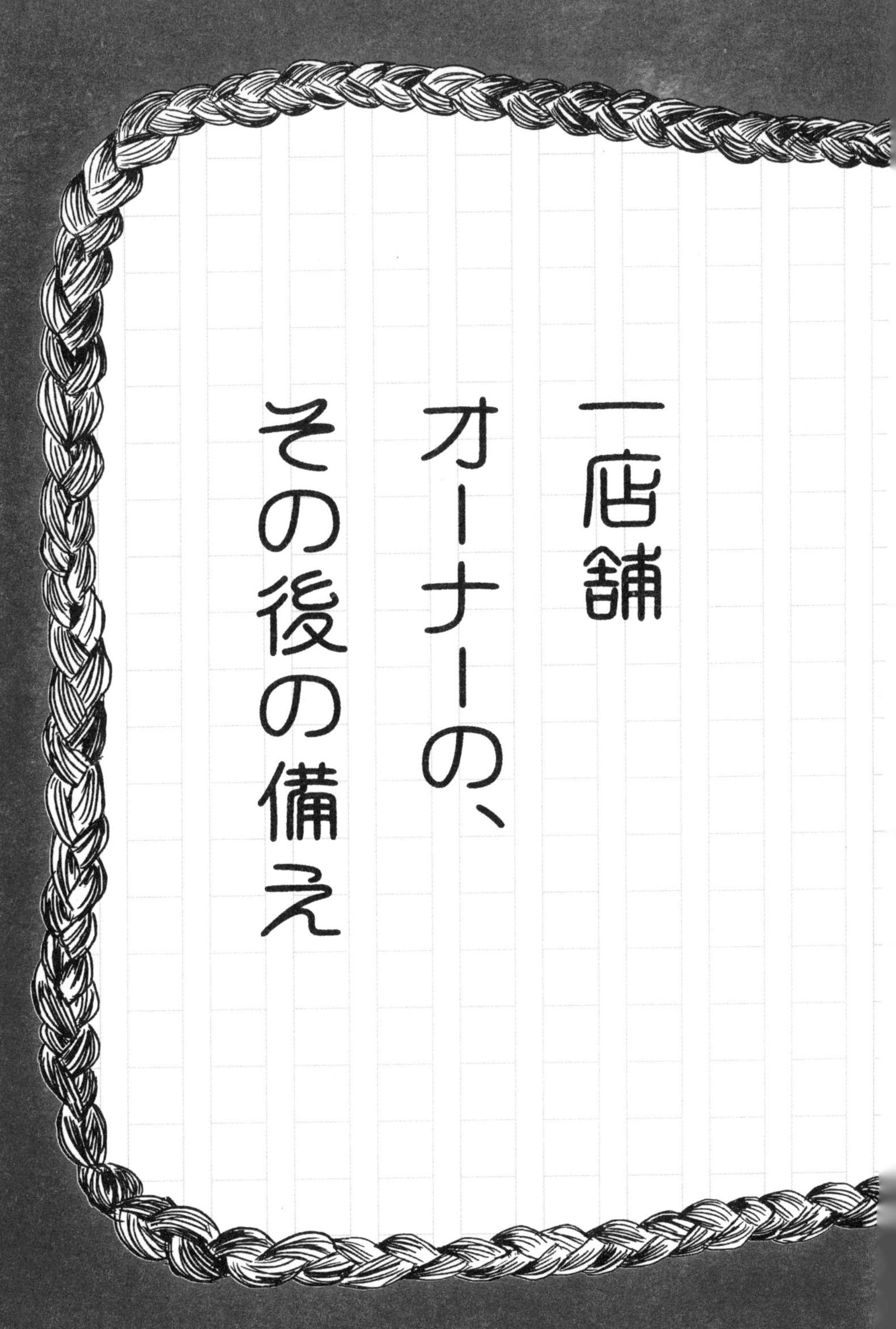
一店舗
オーナーの、
その後の備え

未来をつくるマインドセット

もしあなたが男性なら、なぜ、「理容師」ではなく「美容師」になった？

美容師の僕が言うのもなんですが、そもそもスタートから間違っていたのかもしれません（涙）。

男性スタイリストは、30歳を過ぎたころから太り始め、40代で髪の毛が薄くなり、50代で加齢臭がきつくなり、そして最後は女性から「キモい」と言われたら、終了です（多くの場合。もちろん、全員とは言いません）。全ての男性美容師が将来、〝渋いダンディ〟になれるわけではないんです。

そうなると、お客さま（特に女性）は徐々に離れていきます。女性美容師であれば、お客さまと共に年齢を重ねていくというステキな展開も見えますが、普通の〝おじさん〟には難しい気がします。若い世代の新規客が付くとも思えませんし……。つまり、よほどの人気スタイリストでもない限り、40歳を過ぎたあたりから顧客のパイは縮小していくのが自然の流れ。サロンワークで稼ぐには、限界があるのです。

サロンに立てなくなった時、あなたは「お金」をどう稼ぐか

第二章でもお伝えしましたが、お金の稼ぎ方には、大きく分けて3つの方法があります。それは、①体を使って稼ぐ（実労働、サロンワークなど）②頭を使って稼ぐ（マネジメント、インフラのIT化、商品開発など）③お金を回して稼ぐ（権利収入、家賃収入、投資など）の3つです。

サロンワークは、「体を使って稼ぐ」ものの代表格ですから、体力の衰えとともにしんどくなってきますし、前述の通り、ベテラン以上の男性美容師ならば、お客さまに〝敬遠される〟という悲しい現象も起こります。将来、安泰に暮らしたいのなら、「体を使って稼ぐ」から、徐々に「頭を使って稼ぐ」「お金を回して稼ぐ」という方向へシフトしていかなければなりません。

その点、サロン経営者であれば、すでに頭を使って「マネジメント」しているはずですが、頭を使うことも、実際は60代あたりがピークと予測されます。すると、すでに老後の

生活に困らないほど潤沢な蓄えがあれば別ですが、人生１００年と言われる時代において、70代以降の生活を守るには、今のうちから「お金を回して稼ぐ」という意識が不可欠だと僕は思います。

要は、長年、サロンの現場に立ち続けてきたことで体にしみついている、「体を使って売上を上げる」という美容師としての稼ぎ方から脱却し、「自分の資産を積み上げていく」という発想に転換する必要があるのです。

自分にマッチした「資産形成」を見つける

第二章・第十三話の「永吾の話の巻」（１７９ページ～）に出てくる「彼」は、僕自身のことです。僕は、太陽光発電事業と土地貸しの不動産事業という、美容業とは別のかたちの資産形成の手段を取り、そこから収入を得ています。また、僕の先輩や後輩、友人たち（皆、美容室経営者です）は、僕とはまた違う方法で本業とは別の資産形成を行い、大成功しています。皆それぞれ、自分の能力とご縁、運を使って、彼らにしかできない彼らなりの方法を見つけていますが、そんな彼らにも、いくつかの共通点があります。それは、

①ビジネスは〝大本をつかむ〟必要があるけれど、決して自分だけが得をするのではなく、周りの人たちにきちんと〝得をさせる〟ことの必要性を理解し、実践している。

②まずは自分の本業を成功させた上で、本業を生かし、また、本業に還元させる仕組みをつくっている。

③常に、1人ではなく、外部の人たちとチームを組んでいる。

という3点です。

他にもいろいろと共通点はありますが、これらは特に重要です。まずは、この3つを意識しながら、自分自身に合った、サロンと周囲を発展させるための「資産形成」を見つけてもらえたらと思います。こうして、「資産を積み上げる」ことを念頭に置いて徐々に稼ぎ方をシフトし、備えることが、結果的にサロンとスタッフ、そして自分自身を守ることにつながるのです。

1店舗経営者におすすめ！万が一に備える5つの柱（制度）

「よし、未来のために備えよう！　でも、一体何から始めればいいのか分からない……」という方には、①「小規模企業共済」、②「経営セーフティ共済（中小企業倒産防止共済制度）」、③「青色申告」、④「ｉＤｅＣｏ」、⑤「ＮＩＳＡ」を検討することをおすすめします。それぞれの概要とメリットを簡単にご説明いたしますので、ご興味を持たれた方は、公式ウェブサイトをご参照ください。

①小規模企業共済

https://www.smrj.go.jp/kyosai/skyosai/（中小機構）

小規模企業の経営者（個人事業主）や役員向けの共済制度で、廃業したり、退職したりしたときの生活資金などを積み立てることができます。いわば、経営者の退職金制度ですね。掛け金は全額が所得控除できるといった税制上のメリットがある他、事業資金を借り入れることもできます。ただし、法人になってからだと、経営者は加入することができません（役員はＯＫ）。個人事業主のうちに入っておきましょう（ちなみに僕は、サロンオープンから1年以内に加入しました）。

具体的な使い道としては、非課税枠が大きい退職金に充てることがベストですが、ここで知っておいてほしいのは、経営者自身が途中で退職金を受け取ることも可能だということです。仮に、毎月の役員報酬が50万円だとして、代表取締役としての勤続年数が10年だとします。すると、「勤続年数×月額の役員報酬×１～３倍」の退職金（５００万～１５００万円）が経費対象となります。そして、その退職金を受け取った後は代表取締役を降り、報酬を半分にすれば、自身の会社に引き続き残ることが可能です。つまり、お金に困った場合は、途中で引き出すこともできるということです。

②経営セーフティ共済（中小企業倒産防止共済制度）

https://www.smrj.go.jp/kyosai/tkyosai/（中小機構）

こちらは、取引先の事業者が倒産した場合に、中小企業が経営難や連鎖倒産に陥ることを防ぐ目的で運営されている制度です。無担保・無保証人で掛け金の最高10倍（上限8000万円／条件あり）まで借り入れできる上、法人ならば掛け金を損金に、個人ならば必要経費に算入できるため、節税効果もあります。また、40カ月以上収めていれば、「解約手当金」として掛け金全額を受け取ることができます（12カ月未満は掛け捨て。12～40カ月未満の場合はおおむね掛け金の8割程度）。退職金に充てるなど、万が一に備えつつ、同時に老後の生活資金を確保できるというわけです。独立2年目にこの制度に加入した僕から言うと、入って損はありません。

こちらは、解約手当金を払い戻せば課税対象となります。赤字が出た年に、出た分だけ払い戻すこともできます。

前述の通り、小規模企業共済と経営セーフティ共済は低金利での借り入れもできるので、金融機関が貸してくれないときなどは、とても助かるはずです。

③青色申告

https://www.nta.go.jp/taxes/shiraberu/taxanswer/shotoku/2070.htm（国税庁）

青色申告は、確定申告の形式の一つで、１年間の所得金額を正しく記帳し、正しく申告することのメリットとして、さまざまな優遇制度が用意されています。多くの美容室経営者が利用している（と思われる）「白色申告」と比べると、事前の手続きが必要となる上、煩雑な帳簿作成が求められるなど、手間はかかりますが、最大55万円（一定の条件を満たせば65万円／※２０２２年1月時点）の特別控除を受けることができたり、家族に支払う給与を必要経費に算入できたり……、といった特典があります。また、貸借対照表（ＢＳ）を作成することになるので、銀行からの信用度が格段に上がるというメリットもあります。

青色申告をせずして事業の発展はありません。ぜひ利用してください。また、青色申告は毎年制度も変わり、非常に手間がかかりますので、税理士を通じて行うべきです。成功したいのであれば、必ず顧問税理士をつけてください。

④ｉＤｅＣｏ

https://www.ideco-koushiki.jp/（国民年金基金連合会）

ｉＤｅＣｏ（イデコ）は、「個人型確定拠出年金」と呼ばれる私的な年金制度です。簡単に言うと、掛け金を積み立てていき、自分が選んだ運用商品（定期預金、保険商品、投資信託）で運用していくことで、国民年金や厚生年金に上乗せされる形で、掛け金や運用益を受け取ることができます。掛け金は全額所得控除の対象となり、運用益も非課税で再投資が可能となるため、税制のメリットもあります（通常、定期預金の利子や投資信託の運用益は課税対象）。

なお、ｉＤｅＣｏは自身のメインバンクを通して運用すれば、銀行との信頼関係構築にもつながります。また、長期運用のため、他の国内投資商品と比べて、リスクはかなり低いと言えます。

⑤ＮＩＳＡ

https://www.fsa.go.jp/policy/nisa2/（金融庁）

ＮＩＳＡ（ニーサ）は、「ＮＩＳＡ口座」と呼ばれる口座の中で購入した金融商品の利益が非課税となる「少額投資非課税制度」です（年間購入金額の制限、非課税期間の期限あり）。成人が利用できる「一般ＮＩＳＡ」「つみたてＮＩＳＡ」（２０２３年１月以降は18歳以上が利用可能）の他、未成年が利用できる「ジュニアＮＩＳＡ」（２０２３年末で終了）があります。通常、株式や投資信託などで得た収益には約20％の税金が課税されますので、初めての投資を検討する場合は、こちらも候補にどうぞ。

僕としては、ＮＩＳＡなら「つみたてＮＩＳＡ」がおすすめです。理由は、普段からちょいちょい気にしたくないからです。美容に集中できる〝ほったらかし〟が僕は好きです。

ｉＤｅＣｏもＮＩＳＡも、あくまで将来のためのリスクヘッジの一環なので、僕のおすすめは「少額」かつ「長期運用」です。

美容師さんにおすすめしたい資産形成術

自社物件を建てるとしたら……

美容室経営者、または美容師が「資産を得る」と言ったとき、真っ先に連想するのは「店舗兼住居」ではないでしょうか。実際、それを夢見る美容師さんは少なくありませんね。そこで、将来への備えとして、資産形成を兼ねたサロンづくり（不動産）のヒントをお伝えしたいと思います。店舗を兼ねた住宅（またはテナント）にはいくつかのパターンが想定されますが、僕の考えはこんな感じです。

①１階が自分のサロン、２階が自宅……………………×
②１階が自分のサロン、２階がテナント…………………△
③１階がテナント、２階が自分のサロン…………………○
④１階がテナント、２階が自分のサロン、３階が自宅……◎

①のケースだと、自分のサロンの家賃は浮きますが、テナント料が入らないので、将来のための資産形成とはいえません。よって、「×」。ただ、便利なことは便利です。

②は、テナント料が見込めます。ですが、最もテナントが入りやすい1階に自分のサロンを入れている点が「△」です。テナントが2階だと、1階ほど家賃が取れないケースが少なくありませんし、そもそも2階のテナントは決まりにくいため、結局、収益が上がらない……といったことも想定されます。

③のケースは、逆に1階がテナント、2階がサロンのため、②に比べてテナントが空きにくく、収益性が高い物件と言えます。また、自身の住居は別にした方が金融機関からの融資は決まりやすい傾向があるので、ある意味、これが最も効率の良い選択と言えるかもしれません。

④は、③に自宅が付いたケースですが、なぜこれが「◎」かと言うと、「高齢者は借家が借りにくい」という現実があるからです。すでに持ち家があれば別ですが、これから自宅兼店舗の建設・購入を検討するなら、このケースがベストだと僕は思います。

ただし、これらのケースは法人成りした上で、法人として購入した場合を想定しています。なぜなら、法人で買うと、その購入費用のほとんどを「経費化」できるため、個人で買うより節税の恩恵を受けやすくなるからです。また、実際に建物を建てる場合、場所と広さは、当然、テナントのニーズに合わせることが重要なことは、言うまでもありません。

未来のための、投資の話

僕の友人（美容師）が③のケースをそのまま具現化した事例があるので、ご紹介します。

彼は現在、約200坪の個人所有の土地に、1階が25坪のテナント、2階は自身の25坪のサロン、そして屋根には10キロワットの太陽光パネルを設置した重量鉄骨づくりの建物を建設中で、総工費は約7000万円。1階は月額35万円で貸し出す予定なので、建物を含めた年間利回りは6％となります。しかも、総工費7000万円のうち、約700万円が消費税のため、その年に支払うべき消費税が減額される上、減価償却がまるまる取れるので、節税効果は絶大です。そして、借入期間は20年間で、月々の支払いは約29万円＋金利となります。

まとめると、彼は20年後、借入の返済も終わって現金もしっかり残り、家賃ゼロの美容室でサロンワークを行いながら、１階の家賃収入も期待できる人生を送ることができるというわけです。

この他にも、資産形成についてはいくつもの方法があると思いますが、ここでは、美容師さんの最も多いニーズの一つから、不動産による資産形成の可能性についてご説明させていただきました。

今も楽しく、未来も楽しく、このバランスを考える

お金と時間の上手な使い方

僕が美容室に初めて勤めたのは、脱サラ後の21歳の時でした。そして美容師免許を取ったのが25歳、独立は37歳でした。美容師人生としては少し遅咲きだったと思います。しかし、他の一般の美容師と比べ、時間とお金に余裕のある〝今〟を手に入れられたのは、見習い時代から現在に至るまで、時間とお金の使い方をある程度間違えずに来られたからではないかと思っています。

20代は個人売上を伸ばす時代。30代はマネジメント力を磨く時代。40代は実業家として成熟し、あらゆることに投資し、資産家を目指す時代。そして50代からは資産家として成熟し、後世を育てる時代。僕の考える美容師人生の成功パターンは、こんな感じです。

ですが、ここで気を付けるべき点が２つ。それは、時間の使い方とお金の使い方です。

僕は、仕事が何であれ、一人前になるには、技術を磨き、知識を高め、がむしゃらに頑張らなければならない時期があると思っています。美容師の場合は、20代から30代にかけてがその時期でしょう。それなのに、プライベートばかりを重視し、サロンワークをおろそかにしてしまっている若者がいる……。自分の成長を最も感じられて、一番美容が楽しいはずなのに、もったいないなぁと思います。そうした人たちは、要は、真に美容を楽しめていないのです。

次に、晴れてサロンオーナーになった人たちは、なぜか急に「今」しか見ることができなくなってしまいます。それまでたまっていたストレスなのか、急に金使いが荒くなり、自己顕示欲丸出しになります。ほんとに極端だなぁと思います。

そして、ほとんどの美容師さんが経営者になって最初に取り組むこと、真剣に考えることとは、〝自身の遊ぶ金をどうやって経費にするか〟です。ほんとにアホだなぁと思います。

稼いだお金をしょうもない遊びに使うのではなく、未来への投資に使えばいいのに……、ほんとに残念です。

稼いだお金を店舗展開に使うにしても、仲間やお客さまに求められた意味のある店舗展開ならともかく、つまるところ、ほとんどの場合がオーナーの自己顕示欲だけで出店してしまう。その証拠に、最後は結局、僕たちと同じ1店舗になって、お金もスッテンテンで、スタッフも誰も残っていないという結末……。だったら、最初から1店舗でよかったんじゃないのかなぁと強く思います。

若いうちはお金がなくても人生を楽しめます。年を取って、お金がない人生は本当につらいです。

人生100年で考えたとき、女性美容師はともかく、男性美容師は自分が何歳まで女性のお客さまやスタッフに相手にされるか……、ちょっと考えれば分かるはずです。そして、その〝絶望の時〟が訪れた後の人生を、少しでも楽しく生きていくための準備を、自分の体を使って稼げている今のうちから、考えてもらえたらと思います。

おわりに

自分自身の理想を手に入れるために

本書に記した内容は全て、僕自身の経験に加え、コンサル先や知り合いの美容室を通して僕が関わってきた事例に基づいたものです。

よく僕は、僕のことを深く知らない周りの人たちから、「河原さんは運がいいよね」とか、「河原さんは頭がいいよね」とか、「河原さんは行動力があるよね」とか、ちょいちょい言われます。ですがその都度、僕自身は「別に運なんか良くないし……、車を力いっぱい駐車場の柱にぶつけたり、人にすすめられた投資話で何度もお金をすったりしたし……」とか、「別に頭は良くないし……、高卒で漢字が書けないし……」とか、「別に行動力なんかないし……、できることならYouTube見ながらずっと家にいたいし……」とか、ずっと心の中で反論しています。ですが、そんな僕でも自分自身がより良い人生を歩んでいくために意識しているルールはいくつか持っています。

1つ目は「自分からは動かない（取りに行かない）」ことです。不思議に思われる方もいるかもしれませんが、事実です。常に相手からの依頼やお願い、要求などがあって初めて行動に移します。そして、基本的には全ての要求に応える努力をし、なおかつ120％

以上の成果と満足を感じてもらうための努力をします。つまり、頼まれたら必ず動くように心掛けていますが、自分から仕事などを取りに行くことは、基本的にありません。

２つ目は、「物事の中心に自分を置かない」ことです。10年ほど前に、今も尊敬している人生の大先輩に「我無き者こそ最強の戦士なり」という言葉を頂きました。要は、自分のことはいったん脇に置き、相手を中心に物事を進めなさい、ということです。自己中ではなく「他幸中（他人の幸せを中心に考える）」とも言い換えられるかもしれません。ビジネスに置き換えると、自分よりも先に相手にもうけていただくということです。

３つ目は、基本的に、付き合う相手はかなり慎重に選んでいます。最近の言葉を借りると「テイカー」とはできる限り距離を置き、「ギバー」としかお付き合いしないようにしています。

賛否両論あると思いますが、僕はこの３つを心掛けたおかげで、いい意味で「人に流される人生」になり、結果、自然と豊かになった気がします。

独立して12年、今では自分が一番身を置いておきたい場所、つまりサロンワークを楽しみつつも、サロン営業に加えて不動産の家賃収入や太陽光発電の売電収入を得ることで無理なくスタッフの労働環境と労働条件が整い、自分やスタッフたちの老後の不安が解消されるだけの蓄えを得ることができました。また、空いた時間はOEM事業やコンサルタント事業を通して仲間や美容業界の方たちとの関わりを持ちながら、プライベートでは家族とのゆっくりとした時間を持つことができている、つまり、自身のメタアウトカム……「時間とお金の奴隷になることから解放され、人を頼りにはするけれど、人を当てにしない、完全に自立した人生」、言い換えれば、自分自身が決めた「理想のかたち」を手に入れ、とても幸せな日々を送っています。

最後になりますが、本書を書くにあたってご協力いただいた、仲間内の美容室オーナーの方々、ビジネスパートナーの新井洋和さん、美容室・ミスエッセンスのMAYUMIさん、女性モード社の皆さまに心から感謝いたしております。ありがとうございました。

そして最後まで読んでくださいました読者の方々には、心から感謝するとともに、ご自身が描く、「真の成功のかたち」が手に入りますよう、心よりお祈りしています。

2022年2月吉日　　河原永吾

河原永吾　かわはら・えいご

1972年生まれ。岡山県出身。37歳の時に独立し、岡山市内に美容室トトーラをオープン。38歳で（株）コーチプレシャスを設立。39歳の時に渡米し、米国NLP協会認定トレーナーを取得。その後、1店舗サロンで利益を出し続けるも、多店舗経営ではなく、多角化経営にシフト。現在、美容室を運営する傍ら、OEM、経営コンサルティング、NLPセミナーの開催など多岐にわたり事業を展開。（株）コーチプレシャス、美容室を含む全事業での2021年度決算、年商1億7000万円、経常利益3000万円（スタッフ6人）。

全国よろず支援拠点派遣専門家
岡山県商工会連合会派遣専門家
米国NLP協会認定トレーナー&コーチングトレーナー

◎購入者特典

『一店舗経営のすすめ』
オンラインセミナーへご招待

詳しくは、こちらの
QRコードにアクセス！

一店舗経営のすすめ

2022年2月25日 初版発行
定価 3,080円（本体2,800円＋税10%）

著　者　河原永吾
発行人　阿部達彦
発行所　株式会社女性モード社
https://www.j-mode.co.jp/

[本社]〒107-0062
東京都港区南青山5-15-9-201
TEL.03-5962-7087 FAX.03-5962-7088

[支社]〒541-0043
大阪府大阪市中央区高麗橋1-5-14-603
TEL.06-6222-5129 FAX.06-6222-5357

印刷・製本　株式会社JPコミュニケーションズ

ブックデザイン　氏デザイン
［前田 豊、西村明洋、田中沙苗］